世界哲學家叢書

李 卓 吾

劉 季 倫 著

1999

東 大 圖 書 公 司 印 行

國家圖書館出版品預行編目資料

李卓吾／劉季倫著. --初版. --臺北市
：東大，民88
面； 公分. --（世界哲學家叢書）
參考書目：面
ISBN 957-19-2289-7（精裝）
ISBN 957-19-2290-0（平裝）

1.（明）-李卓吾-學術思想-哲學

126.91   88008730

網際網路位址　http://www.sanmin.com.tw

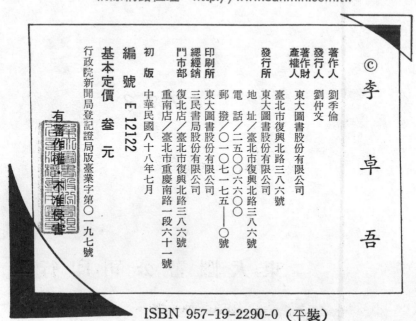

© 李卓吾

著作人　劉季倫
發行人　劉仲文
產權財　東大圖書股份有限公司
著作人
發行所　東大圖書股份有限公司
　　　　地址／臺北市復興北路三八六號
　　　　電話／二五○○六六○○
　　　　郵撥／○一○七一七五──○號
印刷所　東大圖書股份有限公司
總經銷　三民書局股份有限公司
門市部　復北店／臺北市復興北路三八六號
　　　　重南店／臺北市重慶南路一段六十一號
初版　中華民國八十八年七月
編號　E 12122
基本定價　叁元
行政院新聞局登記證局版臺業字第○一九七號

有著作權‧不准侵害

ISBN 957-19-2290-0（平裝）

「世界哲學家叢書」總序

　　本叢書的出版計畫原先出於三民書局董事長劉振強先生多年來的構想，曾先向政通提出，並希望我們兩人共同負責主編工作。一九八四年二月底，偉勳應邀訪問香港中文大學哲學系，三月中旬順道來臺，即與政通拜訪劉先生，在三民書局二樓辦公室商談有關叢書出版的初步計畫。我們十分贊同劉先生的構想，認為此套叢書（預計百冊以上）如能順利完成，當是學術文化出版事業的一大創舉與突破，也就當場答應劉先生的誠懇邀請，共同擔任叢書主編。兩人私下也為叢書的計畫討論多次，擬定了「撰稿細則」，以求各書可循的統一規格，尤其在內容上特別要求各書必須包括（1）原哲學思想家的生平；（2）時代背景與社會環境；（3）思想傳承與改造；（4）思想特徵及其獨創性；（5）歷史地位；（6）對後世的影響（包括歷代對他的評價），以及（7）思想的現代意義。

　　作為叢書主編，我們都了解到，以目前極有限的財源、人力與時間，要去完成多達三、四百冊的大規模而齊全的叢書，根本是不可能的事。光就人力一點來說，少數教授學者由於個人的某些困難（如筆債太多之類），不克參加；因此我們曾對較有餘力的簽約作者，暗示過繼續邀請他們多撰一兩本書的可能性。遺憾的是，此刻在政治上整個中國仍然處於「一分為二」的艱苦狀態，加上馬列教

條的種種限制，我們不可能邀請大陸學者參與撰寫工作。不過到目前為止，我們已經獲得八十位以上海內外的學者精英全力支持，包括臺灣、香港、新加坡、澳洲、美國、西德與加拿大七個地區；難得的是，更包括了日本與大韓民國好多位名流學者加入叢書作者的陣容，增加不少叢書的國際光彩。韓國的國際退溪學會也在定期月刊《退溪學界消息》鄭重推薦叢書兩次，我們藉此機會表示謝意。

原則上，本叢書應該包括古今中外所有著名的哲學思想家，但是除了財源問題之外也有人才不足的實際困難。就西方哲學來說，一大半作者的專長與興趣都集中在現代哲學部門，反映著我們在近代哲學的專門人才不太充足。再就東方哲學而言，印度哲學部門很難找到適當的專家與作者；至於貫穿整個亞洲思想文化的佛教部門，在中、韓兩國的佛教思想家方面雖有十位左右的作者參加，日本佛教與印度佛教方面卻仍近乎空白。人才與作者最多的是在儒家思想家這個部門，包括中、韓、日三國的儒學發展在內，最能令人滿意。總之，我們尋找叢書作者所遭遇到的這些困難，對於我們有一學術研究的重要啟示（或不如說是警號）：我們在印度思想、日本佛教以及西方哲學方面至今仍無高度的研究成果，我們必須早日設法彌補這些方面的人才缺失，以便提高我們的學術水平。相比之下，鄰邦日本一百多年來已造就了東西方哲學幾乎每一部門的專家學者，足資借鏡，有待我們迎頭趕上。

以儒、道、佛三家為主的中國哲學，可以說是傳統中國思想與文化的本有根基，有待我們經過一番批判的繼承與創造的發展，重新提高它在世界哲學應有的地位。為了解決此一時代課題，我們實有必要重新比較中國哲學與（包括西方與日、韓、印等東方國家在內的）外國哲學的優劣長短，從中設法開闢一條合乎未來中國所需

求的哲學理路。我們衷心盼望，本叢書將有助於讀者對此時代課題
的深切關注與反思，且有助於中外哲學之間更進一步的交流與會通。

　　最後，我們應該強調，中國目前雖仍處於「一分為二」的政治
局面，但是海峽兩岸的每一知識分子都應具有「文化中國」的共識
共認，為了祖國傳統思想與文化的繼往開來承擔一分責任，這也是
我們主編「世界哲學家叢書」的一大旨趣。

傅偉勳　韋政通

一九八六年五月四日

自　序

　　日本研究明代思想的學者荒木見悟，是這樣評價明末清初這一
個階段的思想的：「王陽明提倡良知說以後，直到明末清初，湧現出
富有特色的思想家，被認為堪與戰國諸子百家的盛況媲美，卻是客
觀的事實。」❶換言之，荒木氏主張：在思想史上，明末清初這一個
時代，是可以與中國的先秦時代相提並論的。關心中國思想史發展
的朋友們，大約都是可以同意他的這個論斷的。

　　明末清初這個時代，正當中國近世的階段。也早有研究中國思
想史的學者指出：在中國思想史上的這一個階段，具有所謂「近代
思惟」或「前近代思想」的性質。❷

　　李卓吾正是在這一個時代之中，特具異彩的一位思想家。在本

---

❶　見荒木見悟：〈陽明學評價的問題〉；收入岡田武彥等著，辛冠潔編，滕穎、
　　徐遠和等合譯：《日本學者論中國哲學史》（臺北：駱駝出版社，
　　1987），頁374。

❷　島田虔次：《中國における近代思惟の挫折》（東京：筑摩書房，昭和53
　　年[1978]）；及溝口雄三：《中國前近代思想の屈折と展開》（東京：東京
　　大學出版會，1980）。在日文的語境中，「近代」相當於中文裏的「現代
　　性」一詞，它具有中文中「現代化」一詞所包涵的一切意義。可參看孫
　　歌：〈文學的位置──丸山真男的兩難之境〉，收入《學術思想評論》，第
　　3輯（瀋陽：遼寧大學出版社，1998），頁21。

書之中，我想探究的，也正是卓吾思想中「近代思惟」的成份。

對於卓吾而言，因過往的歷史發展而繼承下來的社會秩序（如中國傳統的「五倫」關係），並不是天經地義；也並不具備先天的、不得變動的優位性。相反的，在他看來，社會規範不是先於人而存在的、而是後於人而存在的東西。這樣的思路，確實可以說是一種「近代思惟」。

然而，儘管卓吾摸索著，而產生了與我們的看法不謀而合的觀念；但這一種觀念對於我們的意義，他大約是無從理會的。卓吾有他個人所屬的時空，也有他本人的生命——他是為了解決他自己的難題，才發展出他的整套思想的；——他是為了他自己而活，而不是為了我們而活的。僅僅是由於我們自己的時空與生命，我們——也只有我們，才會從「近代思惟」的角度來觀照他的思想。

這並不是說我們可以全憑己意來解釋卓吾的思想。事實上，如果不能善自掌握卓吾所關切的問題，我們也不可能適當地理解他的思想的真實內容。我們必須回到卓吾的處境中，去反省是甚麼樣的因素，才使得他能夠產生我們所謂的「近代思惟」的。所謂「近代思惟」，並不僅僅是我們這個時代的幻想物，它是從明末清初那一個獨特的時代裏肇生出來的東西；所以也只有先掌握了那一個時代的特殊條件，尊重卓吾本身的生命情境。我們必須先看看：那依我們看來堪稱為「近代思惟」的思想成份，對於卓吾本人而言，到底具備甚麼樣的意義；我們才能夠真正掌握卓吾的「近代思惟」，從而得其確解。如果不能夠尊重前代思想家的生命處境，不能夠根據他們的時空環境來理會他們；就不免是強題就我、鹵莽滅裂了。

然而，從眼前這個世紀末的視角看來，現代世界確實有一些東西，是與卓吾的關懷格格不相入的。現代世界，以其「工具理性化」

的特質，把人類所有的宗教信仰乃至於宗教感情都相對化、主觀化了。從前對於卓吾是客觀的、絕對的信仰與感情，在我們的時代裏，都只具有主觀的、相對的意義；都只是人的主觀的、相對的選擇罷了。所有屬於「超越」(transcendental) 之次元的東西，都被我們這個時代否定掉了。❸ 大約也正是由於這樣的「時代精神」(Zeitgeist)，一般思想史家，左翼史家固無論矣，都不會在卓吾信仰的宗教裏尋找他的「解放」、「進步」思想的淵源；反而輕其所重（見本書第一章）。如果卓吾生活在我們的時代裏，他應該是會覺得相當寂寞的。

《李卓吾》這一本書是在我的碩士論文的基礎上改寫而成的。我的底稿，原來由舍弟曉群（以及其他一些朋友）手抄後影印而成；我的口試老師錢新祖先生又把註有他的眉批的本子交還了我。在改寫的過程中，他們兩人互相重疊的字跡，都像是在問我：還記不記得往年的論學之樂？

新祖老師與曉群，都是懷抱有強烈的宗教感情的人，他們生活在這一個時代裏，無可避免地會覺得寂寞。正如卓吾所可能在我們的這個時代裏所感到的一樣。

同樣懷有強烈的宗教感情，同樣都具有 Paul Tillich 所謂的「終極關懷」，都關心那究極性的意義。不同的是：曉群相信他找得到，新祖老師則知道他找不到。新祖老師因此而在心理上、在實際上，都變成了一位永遠無家可歸的遊牧者（在他身上的「後現代式的歡樂」，總給我一種強顏歡笑的感受）。曉群則閉門不與世通，獨自追求那不為現代人所知、也無法名狀的「終極真際」。也許是因為沒

---

❸ 參看石田慶和著，陳季菁譯：《宗教・科學・無神論》（臺北：法爾出版社，1991）。

有人經得起長久的無家可歸，也沒有人經得起長久的不與世通；新祖老師與曉群，都已經辭世了，他們一逝在壯年，一死在青年。就某一個層次而言，他們是為了一個在這個時代裏已經無法辨識的價值而殉死的（新祖老師是從反面，曉群則是從正面）；那也是一個卓吾終以身殉的價值——對於那「超越」之次元的關切與追求。蕭條異代，但他們與卓吾卻是同心的。

那麼，這一本書就用來紀念這兩位已經逝去的人罷。對我而言，紀念他們，也就是紀念那已經逐漸被我們的時代所遺忘的價值。

這本書之得以成書，必須感謝許多位身邊的師長與親友。不是他們的照應與啟發，這本書是不可能殺青的。我的業師李永熾教授，這些年來，始終默默關心著我在學問上的長進。學貴自得，他總是鼓勵我走我自己想走的路；只在我明顯地要走上歧途時，他才會點醒我，這使得我少走了許多冤枉路。如果我在學問上還有寸進，都應該感謝他的教導。張忠棟老師、鄭欽仁老師、杜正勝老師、蔣孝瑀老師、陳永發老師、呂芳上老師、黃進興老師、張秀蓉老師、鄭培凱老師、徐泓老師、李東華老師、謝錦桂毓老師，都曾經在思想上啟發過我，或在生活上照應過我。「鰥生瓠落百無成」，我自己「深恩負盡」，不知道怎麼才配得上他們的厚愛。汎森始終是我「平生風義兼師友」的朋友。世佳、明仁、化元、靜貞、弱水、燦騰、幸真、鴻泰、仕起、光哲、平一、幸娟、富士、春盛、建民、鴻中、世宗、展良、雯怡、絲言、澎生、懷真、皎宏、仁恕、健文，康樂、惠美伉儷，明輝、翎君伉儷，還有一些我無法一一道及的朋友，都曾經與我同學共道、筆硯相親。他們的好處，在這裏是記不完的。謝謝史丹福中心幫我抄寫論文的咸宜、盈慧諸位同事們。感謝我的

雙親的努力，也感念我那破碎的老家，它養育了我，也淬礪了我。內人韻璧，在我清寂、清苦兼而有之的學術生涯中，總是支持著我。百城堂主人林漢章先生，大隱隱於書市；在戒嚴時代，曾經幫助我開了一扇小小的窗口，使我得見一些可能觸犯文網、但在研究上又不容錯過的書籍。這一段故事，也說明了：沒有自由與開放的環境，一切學術上、思想上的進步都是無從談起的。在解嚴以後的今天，我終於可以公開感謝他的幫助了。這套叢書的主編傅偉勳先生與韋政通先生，與我素未謀面，卻願意把我的研究納入這一套叢書中。他們的眼光與好意，都令人感念不置。傅先生已經辭世，但他的德、言與功，將長留於天壤之間。另外，特別還要感謝東大圖書公司的主事者與出版部的編輯先生們，他們的氣派、胸襟、耐性、認真與堅持，終於使得本書得以面世。

劉季倫
於一九九八年年末

李卓吾

目 次

第一章　敘　論

第一節　研究史的回顧

　　牟復禮(Frederick W. Mote)曾經引用李卓吾自己說過的一句話
「人之是非人也，亦無定論」，來描述二十世紀史家對卓吾評價莫衷
一是、解釋眾說紛紜的現象。❶的確，從本世紀初以來，對卓吾的
研究不但汗牛充棟，並且各持一說。❷因此，要鉅細靡遺、一一交
待這些研究成果，事實上是不太可能的。以下只能作個極為粗泛的
綜覽。掛一漏萬、不詳不備，必定難免。關於中國的卓吾研究史之
回顧，將參考森紀子整理出來的成果。❸
　　中國的史家對卓吾的研究，格於中國現代史上的歷史現實，大

---

❶　Hok-lam Chan（陳學霖）ed. *Li Chih: 1527–1602 in Contemporary
　　Chinese Historiography* (New York: M. E. Sharpe Inc., 1980), Mote's
　　"Foreword", p. x. 卓吾的話，見李贄：《藏書》(臺北：學生書局，1974)，
　　上冊，〈世紀列傳總目前論〉，頁7。

❷　同上註，參看"appendix II: Bibliography of Modern Publications on Li
　　Chih (1901–1979)", pp. 183–207。

❸　森紀子：〈中國における李卓吾像の變遷〉，見《東洋史研究》，34卷
　　3號（京都：京都大學東洋史研究會，昭和50年[1975]），頁124–132。

抵都有思想運動為背景。一九一六年，新文化運動領袖之一吳虞首作〈明李卓吾別傳〉，視卓吾為破壞「儒教專制」者，❹ 即已大致定下了以後的研究取徑。此後，在中國對於卓吾的研究，進入了森紀子所謂的「卓吾評價的第一階段」，這一期可以以嵇文甫、容肇祖、吳澤等人為代表。❺ 一九三四年嵇文甫出版了《左派王學》，他以為卓吾「最能把左派王學的精神充份表現出來」；此一精神，表現於「愛好自由，衝決世網」方面。卓吾之學「不守繩墨，出入儒、佛之間，而大旨淵源於姚江（即王陽明[1472–1528]）」，屬於所謂「狂禪派」──「大活動的禪」。❻ 一九三七年容肇祖的《李卓吾評傳》付梓。他認為卓吾思想來自王陽明一派「解放的革命的思想」，「把一切古聖賢的思想或偶像打破了，到了極自由、極平等、極解放的路上」，是個「自然主義、適性主義的思想家」。❼ 吳澤的《儒教叛徒李卓吾》問世於一九四九年，大體可以說是一部承先啟後的作品：他總結了一九四九年以前的成果，開啟了以後的研究方向。他除了更有系統地統合了嵇、容二氏的理論以外，並把卓吾的階級屬性定位為「封建貴族士大夫」，把他的思想定性為「浪漫主義主觀觀念論（吳氏以為也就是所謂「唯心論」）」、「儒學革新派批判主義」。❽ 在吳澤的這一本書中，多少已經可以嗅到馬克思主義左翼史學的氣

❹ 吳虞：〈明李卓吾別傳〉，收入項維新、劉福增主編：《中國哲學思想論集·宋明篇》（臺北：牧童出版社，1977），頁333–341。

❺ 見森紀子：〈中國における李卓吾像の變遷〉一文。森紀子把中國的卓吾研究分成三個階段，各有其代表人物；此後係據之，不具引。

❻ 嵇文甫：《左派王學》（上海：開明書店，1934），頁64–81。

❼ 容肇祖：《李卓吾評傳》（臺北：商務印書館，1973），頁69–100。

❽ 吳澤：《儒教叛徒李卓吾》（臺北：海盜版，未列出版時地），頁217、頁226。

味了。

　　第二階段的代表人物是朱謙之、侯外廬等人。一九五六年朱謙之發表了《李贄——十六世紀中國反封建思想的先驅者》一書，開啟了試圖以歷史唯物論掌握卓吾思想的工作。他認為卓吾「反映了小地主的思想，也反映了市民性的思想」，其思想特質是「企圖調和並且結合唯物論和唯心論」。正因為卓吾兼具有「反動」、「保守」與「進步」、「解放」兩種性質，所以朱氏主張在卓吾身上看得到三種矛盾：「人世之肯定與否定」、「無神論與有鬼論」、「人民思想與反人民思想」。❾一九六〇年侯外廬主編的《中國思想通史》第4卷出版，其中講卓吾的部份，更把朱氏之說加以深化，而以「唯心主義的彼岸」一詞，來涵括卓吾的佛教思想。❿此書凝定了共產中國對於卓吾的一般看法。森紀子指出：這一期有三個特點：

　　一、強調卓吾思想背景與海上貿易商業資本有關；

　　二、降低、乃至否定王陽明與卓吾的關聯；

　　三、強調唯物主義。⓫

　　第三階段，是在文化大革命中「儒法鬥爭」的脈絡中進行的。在本期中固然仍有各種說法，⓬但大體把卓吾定位成是一位法家；又因為「法家必是唯物論」的模式，所以卓吾也是個素樸的唯物論者。本期的代表作品，多收錄於金儒杰編輯而成的《李贄新評》

---

❾　朱謙之：《李贄——十六世紀中國反封建思想的先驅者》（武漢：湖北人民出版社，1957），頁16、頁77–87。

❿　侯外廬主編《中國思想通史》（北京：人民出版社，1980），第4卷，下冊，頁1031–1095。

⓫　森紀子：〈中國における李卓吾像の變遷〉，頁126。

⓬　延青：〈評價李贄思想上的一些不同觀點〉，收入金儒杰編：《李贄新評》（香港：神州圖書公司，1975），頁17–19。

中。[13]其中如〈李贄三鬥耿定向〉、〈李贄三斥耿定向〉、〈李贄奮筆闢邪說〉之類的文字，明白洩露了這場爭議背後的政治動機。周質平氏以為卓吾在這一個階段「被打得鼻青臉腫，已非舊日面目」，並不是誇張的說法。[14]大體而言，這一期的作品完全稱不上是「研究」，也絲毫沒有學術價值可言。

以上三期，依森紀子之說，卓吾的形象依次如下：

一、道學改革之異端者；

二、反封建的商業資本意識型態的辯護士；

三、法家思想家。[15]

除了森紀子標誌的三期外，此後還有第四期，大約可以葛榮晉、張建業為代表。葛氏在一九七九年發表〈論李贄哲學思想的實質 —— 兼評哲學與政治等同論〉，批判了一九四九年以來「極左思潮」在卓吾研究上所帶來的影響。在他筆下，卓吾又恢復成「地主階級改革派」，是「主觀唯心論者和有神論者」。[16]一九八一年張建業的《李贄評傳》付梓，他整合了在此以前所有中國卓吾研究的成果，應用了全部的出土資料。他以為卓吾具有「一定程度的樸素唯物主義與樸素辯證法思想」，但也受到了王陽明「主觀唯心主義與佛教思想」之影響，所以卓吾也曾經「宣揚了唯心主義的東西」；卓吾思想反映了「封建社會後期農民階級與地主階級矛盾的激化」，「新興市民

---

[13] 同上註。

[14] 周質平：〈從異端到英雄 —— 論晚近的李贄研究〉，收入氏著：《公安派的文學批評及其發展》（臺北：商務印書館，1986），頁185。

[15] 森紀子：〈中國における李卓吾像の變遷〉，頁129。

[16] 葛榮晉：〈論李贄哲學思想的實質〉，收入《中國哲學》（北京：三聯書店，失出版年代），第4輯，頁214–234。

的興起，資本主義的萌芽及其與封建生產關係的衝突」。**⑰** 在本期裏，重新正視了卓吾思想中在左翼學界看來比較不「進步」的一面。**⑱**

在日文方面，限於筆者的語言能力，只能就島田虔次、溝口雄三二氏的研究擇要說明。一九七一年島田氏有《中國における近代思惟の挫折》之作。島田為重估黑格爾 (Georg Wilhelm Friedrich Hegel) 視中國歷史為停滯的這種觀點，試圖從王學到王學左派的發展中論證中國近代思惟的萌芽。他所謂「近代思惟」，指自我的確立或個人精神的自立。他把卓吾的「童心」，理解成王陽明「良知」說的「成年」；把「天理」與「人欲」看作是誓不兩立的兩極，而卓吾「童心」（「人欲」）之出現，則是為了克服作為封建規範的「天理」。然而，由於中國當時的資本主義尚未發達，所以這一線發展雖然以卓吾為極點，但到了卓吾，也就及身而絕了。**⑲** 溝口氏則在

---

⑰ 張建業：《李贄評傳》（福州：福建人民出版社，1992），頁256，頁26。

⑱ 臺灣的學者對於卓吾的研究，比較重要的，約有以下數種：

一九七四年陳錦釗的《李贄的文論》（臺北：嘉新文化基金會，1974），細密探討了卓吾的文學思想，並以卓吾所批的《水滸》為範，作實例之解說。

一九八八年，林其賢的《李卓吾事跡繫年》（臺北：文津出版社，1988）問世，此書考證了卓吾一生事蹟、交遊、著述（包括《焚書》、《續焚書》中的單篇文字），分別繫年，工作細密，搜檢極便。

一九九二年林其賢又出版了《李卓吾的佛學與世學》（臺北：文津出版社，1992），著重探討了卓吾思想中向來被中國的研究者忽略掉的佛學的成份。

一九九三年，則有陳清輝的《李卓吾生平及其思想研究》（臺北：文津出版社，1993）。

⑲ 島田虔次：《中國における近代思惟の挫折》（東京：筑摩書房，昭和

一九八〇年出版了《中國前近代思想の屈折と展開》， 一九八六年
又有《李卓吾——正道を步む異端》之付梓。溝口氏從島田到達的
終點再出發，他認為卓吾所處的思潮中「天理」與「人欲」之間的
關係，並不像島田筆下的那麼簡單，而是「人欲」滲透進了「天理」，
於是存「人欲」的「天理」，取代了「去人欲」的「天理」。溝口氏
以「天理」觀之發展這一點，來掌握卓吾乃至明末清初學者之思想
進程。由此觀之，明、清思想史的發展是相連續的，並未遇到過甚
麼「挫折」。溝口氏的研究，也許可以看作是當世卓吾研究的高
峰。 ⑳

　　在歐美，德國有 Otto Franke（福蘭閣）在一九三八年發表的兩
篇作品：〈李贄的生活和他的思想〉，以及〈李贄和利瑪竇的交往〉，
皆不及見，未能一讀。美國有 Wm. Theodore de Bary（狄百瑞）著
有 "Individual and Humanitarianism in Late Ming Thought"（〈晚
明思想中的個人主義與人道主義〉）一文，在他筆下，卓吾是一位「大
個人主義者」（"the Arch-Individualist"）。一九八〇年, Hok-lam Chan
（陳學霖）編有 Li Chih: 1527–1602 in Contemporary Chinese
Historiography（《當代中國史學中的李贄》），其中就卓吾著作版本
的真偽、本世紀關於卓吾的研究論文著作這兩方面作成書目，便於
翻檢。 ㉑

　　　　53年[1978]），頁183。

⑳　溝口雄三：《中國前近代思想の屈折と展開》（東京：東京大學出版會，
　　1980）；及《李卓吾——正道を步む異端》（東京：集英社，昭和60年
　　[1985]）。此處對於島田氏、溝口氏觀點的分析，除二氏的著作以外，
　　還參考了溝口雄三〈論明末清初時期在思想史上的歷史意義〉一文，
　　收入《史學評論》（臺北：華世出版社，1986），第12期，頁99–140。

㉑　Otto Franke 關於卓吾的研究之簡介，見馮君培：〈評福蘭閣教授的李

　　除此之外，還有多篇重要的論文，或關卓吾家世、生平之考證，或涉卓吾思想之分析，就無法一一搜羅了。

　　這些汗牛充棟、還仍在增加的研究成果，正足以說明卓吾在中國思想史中的地位之重要。然而，前輩的研究，有一處嚴重的疏漏：相對於卓吾自己對於佛教的重視（卓吾根本就是一位佛教徒）， 相對於卓吾是從佛學的角度來發展他整個的思想這一點而言，他的佛教色彩未能引起學者當有的注意；或者雖然注意到了，卻未能從這個角度來釐清卓吾思想的整體面貌。在這一方面，日本的學者溝口雄三曾經觸及過，荒木見悟則作過短短十一頁的介紹。在中文世界裏，有王煜氏簡單地提到過，林其賢、陳清輝比較詳盡地探討過，我的朋友江燦騰也談到過這一個問題。㉒然而，似乎還有餘地可以再做更進一步的探求。

　　島田虔次曾經針對卓吾的佛學思想而指出：「卓吾篤信佛教，

　　費研究〉，收入《圖書季刊》，2卷1期，頁59-61。

　　Wm. Theodore de Bary, "Individual and Humanitarianism in Late Ming Thought", in Wm. Theodore de Bary ed. *Self and Society in Ming Thought* (New York and London: Columbia University Press , 1970) , pp. 145-247。關於「大個人主義者」的討論，請參看p. 188。

　　Hok-lam Chan（陳學霖）所著書，參看本章❶。

㉒　溝口雄三：《李卓吾——正道を歩む異端》一書曾經談到卓吾思想中「無」與「真空」的意義，頁197-220。

　　荒木見悟：《佛教と陽明學》（東京：第三文明社，1979），頁165-176。

　　王煜：〈李卓吾雜揉儒道法佛四家思想〉， 收入氏著：《明清思想家論集》（臺北：聯經出版公司，1981），頁1-60。

　　林其賢、陳清輝的著作，參看❶。

　　江燦騰：〈李卓吾的生平與佛教思想〉，收入淡江大學中文系主編：《晚明思潮與社會變動》（臺北：弘化文化事業公司，1987），頁27-68。

這是他自己明言的」。 然而，在卓吾身上的佛教的作用，如島田所說的：「在現今的中國，這些全都被當作主觀唯心論、神秘主義、時代之悲劇的矛盾之表現——總而言之，作為他的消極方面，而且只是作為這樣的東西而被評價」。島田問道：「果真可以這樣嗎?」卓吾的佛教思想與他「過激的評論活動」之間，「究竟有怎樣的關係呢?」「佛教和急進的思想之關係，不只是其消極的方面；沒有必要進一步作為積極的方面來把握嗎?」 島田氏同意這是一個困難的問題：「我最難解的是卓吾處的佛教的作用」。❷❸

然而，儘管這個問題對於理解卓吾而言，是那麼重要，但除了一些零散的著作以外，似乎至今還沒有人剋就此一問題而提出完整的解答。

佛學思想在卓吾之學中，確實是一個不容或缺、又整合在他的思想全體中的一個因子。不掌握這一點，對卓吾的理解就不夠周全。這一本書，就打算從這一個方向，重築卓吾思想的整個架構。

不過，本書儘管主張必須從佛學的角度，才能適當地理解卓吾的思想；但卓吾的佛學思想，卻並非是主題。我的目的，毋寧是從卓吾心中的最關鍵處（也就是佛學）出發，追隨著這一條線索的發展，以探究其意涵與作用。卓吾的佛學思想，儘管是探討的起點，但也只是起點罷了；從此處出發，還有漫漫長路要走。我們的終點另有所在。

---

❷❸　島田虔次著，蔣國保譯：《朱子學與陽明學》（西安：陝西師範大學出版社，1986），頁120。

第二節 卓吾思想的背景

卓吾思想，與陽明學有極深的關聯。以下將略略交待此一關聯，作為卓吾的思想背景之說明。

當王陽明提出「心即理」、「致良知」等命題時，除取代了朱子 (1130–1200) 的「定理」外，❷也使得「良知」作為「善良意志」或「道德意識」，被染上了感性的、情感的色彩。套句李澤厚的話，「『心即理』的『理』日益由外在的天理、規範、秩序變成內在的自然、情感甚至欲求了」。❷這種對「自然」、「情感」、「欲求」的日益強調，事實上使得王陽明的「道德主體」開始變質，人的「個體性」逐漸被發現了。❷

從陽明以來，「個體性」的漸受重視，使「道德主體」也發生了變化。以往在五倫關係網絡裏，人是五組關係組中的一個關係項；五倫所偏重的，大抵是卑屬對於尊屬的責任（特指宋以來的理學傳統）。如丸山真男所指出的：「以子對父的服從，置於一切人倫之基本，將君臣、夫婦、長幼（兄弟）這些特殊的人類關係，與父子類比，在上下尊卑的關係上結合起來」；「所謂五倫之中，惟有朋友是

---

❷ 見 Araki Kengo（荒木見悟），"Confucianism and Buddhism in Late Ming", in Wm. Theodore de Bary ed. *The Unfolding of Neo-Confucianism* (New York: Columbia University Press, 1975), pp. 39–66；特別是 p.42。

❷ 李澤厚：〈宋明理學片論〉，收入氏著：《中國古代思想史論》（北京：人民出版社，1986），頁247。

❷ 見本書〈我與人〉章中「『存在主體』之出現與五倫關係網絡的重估」一節。

對等的關係，關於朋友，所說的最少，但連這朋友也有所謂『朋友之序』，以上下關係加以規律的例子」。❷陽明一論五倫，就是「以此純乎天理之心，發之事父便是孝，發之事君便是忠，發之交友治民便是信與仁」；❷大抵是就士大夫之卑屬立場而立論的。隨著「個體性」之發達，到了王艮 (1483-1540)，已經說出「學也者，所以學為師也，學為長也，學為君也」這樣的話來，❷專就尊屬而立說了。到了卓吾，整個五倫關係網絡終於被重新評估；在與個人的存在處境相對照時，五倫甚至成了次義性的、不相干的東西了。

在王學中，三教合一的趨勢是越來越甚的。這自然與王陽明之學強調人的自覺、信任個人能作正確的抉擇有關。陶望齡 (字石簣，1562-1609) 就看出了這一大關鍵；他說：「今之學佛者，皆因良知二字誘之也。」❸荒木見悟也曾經有如下的觀察：「如果第一義諦是探求此心，而不是探求教理；如果忠於此心是儒學的真精神；那麼，沒有理由不去傾聽佛學自居是心學之一的說法。」❸就在這樣的前題之下，三教合一運動開始展開。晚明因而產生了與前代不同的三教合一的理路。如我的一位故去的老師錢新祖先生所指出的，六朝以後所謂三教合一，大抵是三教不能彼此融合，而只各據一部，彼此

---

❷ 丸山真男著，徐白、包滄瀾譯：《日本政治思想史研究》（臺北：臺灣商務印書館，1980），頁3、頁4。

❷ 王陽明著，陳榮捷輯註：《王陽明傳習錄詳註集評》（臺北：學生書局，1983），卷上，第3條，頁30。

❷ 王艮：《王心齋全集》（臺北：廣文書局，1987），卷三，頁7a。

❸ 陶望齡：〈寄君奭弟・三〉，收入潘增紘編：《李溫陵外紀》（臺北：偉文圖書出版社，1977），卷四，頁17a。

❸ Araki Kengo ,"Confucianism and Buddhism in Late Ming", in Wm. Theodore de Bary ed. *The Unfolding of Neo-Confucianism*, p. 46.

間呈區隔化(compartmentalization)，如同鼎之三足。相形之下，明末的三教合一，其「合教的理路」(syncretic logic)則已經改變。錢老師以焦竑(1541–1620)為例以說明之：「三教合一，並不是說它們如同三分之鼎足；而是說它們據有同一個實體的全部 (the integrity of a single entity)，並可以互為解說、相互闡明」。㉜

　　在這種趨勢之下，身處其間的卓吾，便可以隨手取用三教中的各種資源，以整合、建構出他自己的思想體系。

　　卓吾互續了王學中「個體性」逐漸增強的趨勢。並藉助佛、道的「存在主體」㉝，把這個趨勢推上了前所未有的高峰。事實上，早在王龍溪 (1498–1583)，已經以「良知」可以「了生死」這樣的命題，突顯了對於個人存在處境之正視，並把此一對於個人存在處境之正視，與「良知」聯繫了起來。其中已經隱涵了「個體性」的增強。卓吾只是向著此一方向，更加向前走進一步而已。㉞

㉜　Edward T. Ch'ien（錢新祖），*Chiao Hung and the Restructuring of Neo-Confucianism in the Late Ming* (New York: Columbia University Press, 1986), p. 14.

㉝　具見〈「存在主體」之出現與五倫關係網絡的重估〉一節。

㉞　王龍溪以「良知」可以「了生死」，見許宗興：《王龍溪學述》（臺北：國立政治大學中國文學研究所碩士論文，1982年），頁76–78。

第二章　卓吾思想的起點

　　本章將探究卓吾在開始建構其思想，以成一家之言時，所面臨的難題是甚麼；他的難題在那些方面賦與其思想以特色，是甚麼特色；他所採取的解決方法，其內容為何，從何處取得資源；促使他思想的能量 (energy) ❶ 來自何處；他的思想的基本形式是甚麼。藉著以上各種問題的解決，我們才能設下一個適當的基礎，以進一步理解卓吾思想的意涵。

第一節　卓吾的佛教式生死觀及解脫之道 ❷

❶　關於「思想的能量」此一觀念，我受惠於李永熾老師的一篇文字〈思想史的類型、範圍與對象〉。收入李永熾：《歷史的跫音》（臺北：遠景出版社，1984），頁232。

❷　就卓吾思想與佛教關係此一論題所作的研究，我所得見的，有友人江燦騰兄所著的〈李卓吾的生平與佛教思想〉，收入淡江大學中文系主編：《晚明思潮與社會變動》，頁37–68。王煜的〈李卓吾雜揉儒道法佛四家思想〉（收入氏著：《明清思想家論集》，頁1–60），文中亦論及此一問題。林其賢的《李卓吾的佛學與世學》。陳清輝的《李卓吾生平及其思想研究》，頁265–317。荒木見悟：《佛教と陽明學》，其中的第十五章〈異端のかたち——李卓吾をめぐって——〉，有精闢的論述。溝口雄三的《李卓吾——正道を步む異端》一書中〈七十六年の

　　促使卓吾去「學道」，　凝聚其為學焦點的，是一種始終一貫的關懷。此一關懷，與一般意義的儒、道兩家及民間宗教，形成極大的對比；在中國的思想傳統中，也自成一格，獨樹一幟。

　　卓吾的關懷，其形成因素約略有二：一是他自己坎坷的生命經驗（俱見年譜）；　一是晚明三教合一的運動，以及大、小傳統逐漸融合的趨勢（此一課題關涉極大，筆者不擬、亦無力處理）。　本節僅就其關懷之內容略事探討。我們必須先看看卓吾此一關懷的背景——他的佛教式的生死觀。

　　由於卓吾多舛的、波折不斷的生命歷程，使他極度厭世。他極言生命之苦，以為生、老、病、死無非就是連綿不斷的苦難，種種苦難與生俱來，至死方休：「有身是苦；非但病時是苦，即無病時亦是苦；非但死時是苦，即未死時亦是苦；非但老年是苦，即少年亦是苦；非但貧賤是苦，即富貴得意時亦無不是苦者」。❸不但「苦」是「苦」，即使是與「苦」相對的「樂」，亦不在人生苦海之外。世人避「苦」求「樂」，卻不知道「苦」、「樂」兩者互為因果：「樂者苦之因，樂極則苦生矣」；　正如「苦者樂之因，苦極則樂至矣」一般。「苦」、「樂」交替而來，無有已時。世人如果不能看清看似相反的「苦」、「樂」其實是一體的兩面，而依舊沉溺在趨「樂」避「苦」的圈套中，就不免陷在遷遷不息的輪迴與陳陳相因的因緣之中，永劫不得超生。所以他說：「苦樂相乘，是輪迴種；因苦得樂，

生涯㈠——犬の五十年——〉（頁146–164）一節，亦可參看。筆者本節中的研究取徑，實來自於江氏之文、荒木氏之文，及溝口氏之文的啟發。

❸　李贄：《續焚書》（臺北：漢京文化出版公司，1984），卷一，〈與周友山〉，頁33。

是因緣法」。卓吾感歎：

> 安能棄輪迴，舍因緣，自脫於人世苦海之外耶？ ❹

他覺得人世的煩惱是與生俱來，無法擺脫的。所獲愈多，煩惱、牽掛的也愈多：「有國則煩惱一國，有家則煩惱一家，無家則煩惱一身」；「世固未聞有少煩惱之人也」。❺他認為生命中的一切努力、萬般經營，不能敵死亡的猝然一擊。他以婚姻為例，說道：

> 婚娶未幾，喪亡繼之，娶之何難而喪之何易也？……夫既喪矣，則百年而喪與數年而喪一也。回視向者擇配之審，合聚之難，苦切之痛，歡樂之極，如飄風過雨，雖影響無復有者。❻

這段文字是卓吾在結髮妻子黃宜人逝世（萬曆十六年，西曆1588年）之後不久寫下的。試望平原，蔓草縈骨；拱木斂魂，死生異路。卓吾在字裏行間透露出來的傷痛，令人不忍卒讀。「千里搭長棚，天下沒有不散的筵席」；既有一死，生前種種，不免前功盡棄。又何勞有此一宛若夢幻泡影般的生命？卓吾對自己的生命所懷有的感受，從他的惋歎中明白可見：

---

❹ 李贄：《焚書》（臺北：漢京文化出版公司，1984），卷一，〈復邱若泰〉，頁9。

❺ 李贄：《焚書》，卷二，〈復李漸老書〉，頁82。

❻ 李贄：《初潭集》（臺北：漢京文化出版公司，1982），卷一，頁15。

多一日在世，則多沉苦海一日，誠不見其好也。 **❼**

只就其措辭看，即可知此一視人世為苦海的態度，實來自於佛教。
卓吾多災多厄的一生，促使他接受了佛教的觀點，把人間看作孽海，
把眾生看作沉溺在孽海裏的痴魂。 **❽**

　　卓吾相信死後別有世界，他的「死後世界觀」（借用余英時所
鑄詞**❾**），亦從以佛教為主的民間宗教處得來。

　　大體而言，儒、道兩家「基本上都不相信死後還有世界」。 **❿**
儒家「未知生，焉知死」**⓫**，置死後世界之有無於不議不論之列。
道家「大塊載我以形，勞我以生，佚我以老，息我以死」**⓬**，認死
後一無所有，故能視死亡為一生操勞之後的安息所。**⓭**卓吾則不然，

---

❼　李贄：《續焚書》，卷一，〈答友人書〉，頁10。

❽　可參看江燦騰：〈李卓吾的生平與佛教思想〉，及林其賢：《李卓吾的
　　佛學與世學》。

❾　見余英時：〈中國古代死後世界觀的演變〉，收入余英時：《中國思想
　　傳統的現代詮釋》（臺北：聯經出版公司，1987），頁123–143。

❿　同上註，頁123–124。

⓫　見楊伯峻編著：《論語譯注》（臺北：明倫出版社，1971），〈先進篇〉，
　　頁120。

⓬　見王先謙：《莊子集解》（高雄：立文出版社，1974），〈大宗師〉，頁
　　38。

⓭　儒、道兩家的「死亡觀」自不止於此。此處僅就兩家「不相信死後還
　　有世界」而為言，不足以盡其全貌。我們更應注意：儒、道兩家的這
　　種看法，「都是『理智化』的結果，因而不能代表社會上一般人（特
　　別是平民）的觀念」（見余英時：〈中國古代死後世界觀的演變〉，頁
　　124）。事實上，早在佛教東來以前，中國的民間宗教，早已有其自身
　　的「死後世界觀」了。參見余氏之文。

從他不嫌詞費地議論種種鬼神幽渺之事，力辯鬼神之有，相信扶
乩❶，並編輯、梓行了《選錄睒車志》、《說弧集》兩部說鬼之書❶，
便可知他於鬼神之說持之甚堅。他對朱子學中不語怪力亂神的態度
頗不以為然，他說：

> 朱子曰：……「鬼神者，二氣之良能。」（按：此處出典似有
> 誤，應為張載之言。詳下註。）……以鬼神為良能可也，而謂
> 祭鬼神是祭良能，可歟？❶

這使鬼神擺脫了朱子學理性主義解釋❶的牽絆。朱子說：「死便是都
散盡了」。「大鈞播物，一去便休，豈有散而復聚之氣」。❶卓吾則

---

❶ 李贄：《焚書》，卷二，〈與弱侯〉，頁64。

❶ 二書皆已亡佚，其敘文見李贄：《續焚書》，卷二，頁62-63。

❶ 見李贄：《焚書》，卷三，〈鬼神論〉，頁92。「鬼神者，二氣之良能」，
語見張載：《張載集》（臺北：里仁書局，1981），〈正蒙〉，頁9。當然，
朱子是會同意張載的說法的。

❶ 此處用「理性主義」(rationalism)一詞，著重於「理性化地驅散一切神
秘」(to rationalize away all the wonders) 這層意義。見 Raymond
Williams, *Keywords——A Vocabulary of Culture and Society* (New
York: Oxford University Press, 1976)中的"rational"條，見 p. 213。又，
關於朱子對鬼神的看法，可參看錢穆：《朱子學提綱》（臺北：東大圖
書公司，1986），頁60–68。朱子力闢釋氏之輪迴說與神識不滅說。
Weber (Max Weber)亦曾論及朱子的「無神論」，說他「完全摒除了人
格神以及不死的觀念」。見 Max Weber 著，簡惠美譯：《中國的宗教》
(*The Religion of China*) （臺北：遠景出版公司，1989），頁210。可一
併參看。

❶ 朱子之言，轉引自錢穆：《朱子學提綱》，頁66。

以為:「人人死後精神都是聚的,那有散的?」「死後也是看得見的。」❶ 他力主「死生之說」、「幽明之故」以及「鬼神之情狀」,「一實理之自然,一真誠而不可掩也。如此非誕也,非誣也」。 那些不信鬼神之徒,只是因為「心非至誠,見識凡近」, 所以才會「怪之不信,執之以為誕且誣耳矣」。他譏笑那些「執無鬼之說者」,「卒為鬼所拷而不知」。對於這樣的「古今迷人」,他懶得再「費吾喙」,不打算再置辯了。❷ 由此可見:他是深信死後還別有世界的。

卓吾認為「生」與「死」形成了遷遷不息的輪迴過程。這自然也是佛教影響所及而造成的結果。

萬曆十六年(西曆1588年), 卓吾髮妻黃宜人逝世。卓吾給女婿莊純夫寫了封情深意摯的信,交待純夫「以此書焚告爾岳母之靈,俾知此意」,「千萬焚香化紙錢,苦讀三五遍,對靈叮囑,明白誦說,則宜人自能知之」。 就其場合情境與措辭之認真鄭重觀之, 信中的叮嚀, 實在不能看作僅僅是弔亡時的尋常套語。他諄諄告誡死後有知的黃宜人不可再生為人: 「勿貪托生之樂,一處胎中,便有隔陰之昏」。他深信黃宜人「平日為人如此, 決生天上無疑」;然而, 再生為人固然不可,即使轉生上天,也不見得是究極解脫之道。他娓娓交待黃宜人: 「勿貪人天之供,一生天上,便受供養,頓忘卻前生自由自在宿念。報盡業現,還來六趣,無有窮時矣」。 他為黃宜人籌謀畫策,覺得應避開「六趣」(又名「六道輪迴」),擺脫輪迴;最上策是「暫寄念佛場中……以待我至」。❸

---

❶ 見潘增紘編:《李溫陵外紀》(臺北: 偉文出版社, 1977), 卷一,〈永慶答問〉,頁6b–7a, 及頁8a–9b。

❷ 見李贄:《明燈道古錄》(臺北: 廣文書局, 1983), 卷下, 十章, 頁23b。

　　他又有〈祭無祀文〉，　是祭祀孤魂野鬼時為焚告眾鬼而作的。
他慇懃勸告眾鬼：「凡為人必思出苦，更於苦中求樂；凡為鬼必愁
鬼趣，更於趣中望生乃可」。　如果眾鬼「得飽便足，得錢便歡」，只
是「志在錢飽」，　那就不能「離此苦趣」了。「醉飽有時，幽愁長
在」，卓吾不免「甚為諸鬼慮之」。他勸說諸鬼靜聽僧侶誦讀《阿彌
陀經》與《金剛經》，　並聽從「地藏王菩薩」與「面然大士」的開
導，以便有朝一日可以「度脫鬼倫，即生人天，或趣佛乘，或皈西
方」。❷這些話決不只是為了「神道設教」，卓吾是真信其有，言為
心聲的。

　　依卓吾這套佛教式的「死後世界觀」看來，眾生淪落在永無止
境、遷延不息的輪迴之流中，隨波逐流，順流而下。這永恆的，無
始無終、沒頭沒尾的輪迴之流不隨眾生意志為轉移。它無情無義，
無惡無憎；不為堯存，不為桀亡；不以物喜，不以人悲。它自動把
眾生按自造的業與彼此的緣，而分配入六種不同的趣向中。依優劣
順序是：一、天趣，二、人趣，三、阿修羅趣，四、畜生趣，五、
餓鬼趣，六、地獄趣。也就是上引文中卓吾所謂的「六趣」，　一名
六道輪迴。眾生在這六趣之中，可以藉自力修行或賴先前得道的佛
祖、菩薩之救度，而向上逐級晉昇，自最底層的地獄道直昇到最高
級的人道與天道。然而，作惡鬼、下地獄，固無論矣；即使得生人
天，也不足為訓——因為最後仍不免耗盡自己的果報，依舊淪入輪
迴之中，「報盡業現，還來六趣，無有窮時矣」。❸

---

❷　李贄：《焚書》，卷二，〈與莊純夫〉，頁46。

❷　李贄：《焚書》，卷三，〈祭無祀文〉，頁126-127。

❸　關於「業報說」（Karmanlehre）的簡單的說明，可參考 Wolfgang
　　Schluchter 著，顧忠華譯：《理性化與官僚化》（臺北：聯經出版公司，

「六趣」的規律就是因果。卓吾指出：「輪迴之語，因果之推也」。因果之鐵律，立竿見影，如響斯應。如卓吾所說，「種桃得桃，必不生李；種李得李，必不生桃」。有因必有果，有果必有因。「因復為果」，「果仍為因」。這環環緊扣的因果連環，就與連綿不斷的死生循環編織在一起；而形成了一條永無止境的鎖鍊——六道輪迴（六趣）。㉔因果輪迴，報應不爽。卓吾概述了種種這類例子：

> 念佛之人滿即報以極樂，參禪之人滿即報以淨土，修善之人滿即報以天堂，作業之人滿即報以地獄，慳貪者報以餓狗，毒害者報以虎狼，分釐不差，毫髮不爽，是報身也。㉕

卓吾相信：由於在苦海中的眾生的惰性，加上苦海本身的牽絆作用，眾生在六道輪迴中有日趨下流、每下愈況的傾向；他們會「愈來愈迷」。如果任由這惰性與牽絆擺佈，而不能早日醒悟；那麼，想要恢復原本在六道輪迴中得而復失的位置，「我知其不可得也」。㉖（關於這一點的進一步的討論，請參見下一節。）

卓吾的這套看法，正是標準的佛教式「死後世界觀」。㉗就在這一點上，卓吾思想與晚明的民間佛教直接接榫，緊緊綰合起來。

以上粗略交待過卓吾的佛教式生死觀。以這套生死觀為背景，

1986），其中〈理性化的矛盾〉一文，見頁16。

㉔ 李贄：《續焚書》，卷四，〈棲霞寺重新佛殿勸化文〉，頁96。

㉕ 李贄：《焚書》，卷四，〈觀音問〉，頁173。

㉖ 李贄：《續焚書》，卷一，〈與周友山〉，頁32。

㉗ 足以說明卓吾這套佛教式「死後世界觀」的文字，在《焚書》、《續焚書》中層出不窮。特別是《焚書》卷四。茲不一一列舉。

卓吾的主要關懷，就是尋出解脫之道，以截斷這無以截斷的、跳脫這無從跳脫的由因果而造成的生死輪迴。他說：

　　學者以生死為苦海，以得免生死輪迴為到彼岸。❷

　　他希望能夠「出離生死苦海，而度脫一切苦厄」，「大事遂明，輪迴永斷」，「無始曠劫未明大事，當下了畢」，而終能成為「無死無生，無了不了之人」。❷卓吾此一關懷，是他的思想的契機與開端；在他的思想體系中，具有舉足輕重、無與倫比的重要性。此一關懷，藉用田立克(Paul Tillich)的語言來說，正是一種宗教上的「究極關懷」(ultimate concern)。它統攝了各種其他的關注與慾望，使其他的關注與慾望唯它馬首是瞻；它是主，它以外的一切皆是從；❸它是無限的、絕對的，在尋求其解脫之道時，不容有片刻的鬆弛與休息。❸質言之，儘管卓吾思想的淵源不自一途，成份龐雜多端❸；但他的思想的主要架構卻來自於佛教。他根本就是一位佛教徒。忽

---

❷　李贄：《初潭集》，卷四，頁59。

❷　語分見李贄：《焚書》，卷三，〈心經提綱〉，頁100；增補一，〈答李如真〉，頁254；卷一，〈答鄧明府〉，頁40；卷四，〈解經題〉，頁134。

❸　卓吾主張「性命」為「主」，而其他種種「身外物」，充其量只是「賓」。見李贄：《續焚書》，卷一，〈與焦弱侯太史〉，頁21。

❸　見 Paul Tillich 原著，龔書森、尤隆文合譯：《系統神學》(*Systematic Theology*)，第一卷（臺南：東南亞神學院，1980），頁17–21。Tillich 自然是在西方神學的脈絡中鑄造出這個語詞的。此處借用這個詞彙，當然必須先把它從原來的脈絡中抽離出來；我的本意決不是說：我們可以原封不動照搬這個觀念來與卓吾的關懷相提並論。

❸　可參看王煜：〈李卓吾雜揉儒道法佛四家思想〉，收入氏著：《明清思想家論集》，頁1–60。

略了這一個大關鍵，就不可能如其本然地理解卓吾的思想。㉝在以下的章節中，我們將發現此一「究極關懷」，如何安排了卓吾思想的道路，並使得卓吾的思想，儘管依舊與儒家思想具備千絲萬縷的關係（詳後文），但仍然游離而脫出了儒門的矩矱，寖假而成為所謂「異端」㉞；並在中國思想史中，得以秀出一時。

以下擬處理卓吾的解脫之道。

上文曾指出：卓吾視生命為無邊的「苦海」。順理成章的，他拒斥了以此世為取向的一切解脫方式。就此而言，他不但立異於儒教，也立異於所有傳統中國社會中的通俗價值觀。

卓吾列舉了世人所追逐的種種塵世間的物質性價值。常人追求

㉝ 五四新文化運動中反宗教的傾向（可參考羅章龍編：《非宗教論》〔成都：巴蜀書社，1989〕），促使此後的中國史家儘管或肯定卓吾的思想「極自由極平等極解放」（見容肇祖：《李卓吾評傳》，頁100），或強調他的思想的「革命性」（見侯外廬主編：《中國思想通史》，第4卷，下冊，頁1031）；但卻往往不能正視此一大關鍵：卓吾是從佛教徒的立場來建構其思想的。對於這一關鍵，他們如果不是根本當面錯過，視而不見（如容肇祖）；就是直斥之為「唯心主義的『彼岸』」（見侯外廬：前引書，頁1092），「本來也是可以在理論上提高一步，全面地向唯物主義認識論深入的，然而他又停步不前了」（見侯外廬：〈李贄的進步思想〉，收入氏著：《侯外廬史學論文選集》〔北京：人民出版社，1988〕，下冊，頁61–62）。他們與卓吾思想的大關鍵擦肩而過，卻又失之交臂。

㉞ 這是清代的王宏施加於卓吾的用語；王宏說：「予嘗謂李贄之學本無可取，而倡異端以壞人心，肆淫行以兆國亂，蓋盛世之妖孽，士林之檮杌也。不及正兩觀之誅，亦幸矣」。見王宏：《山志》，轉引自廈門大學歷史系編：《李贄研究參考資料》（福建：福建人民出版社，1976），第2輯，頁194。

的是「百歲之食飲」:「夫功名富貴,大地眾生所以奉此七尺之身者
也,是形骸以內物也,其急宜也」。「大地眾生」因此而「終其身役
役焉」地「勞此心以奉此身」,人人追求「功名富貴」,「直至百歲
而後止」。卓吾認為:單單為這只能存活百年的形骸而操勞,「智者
不為也」。

所見稍遠的人則逐求「數十世之食飲」。他們譏笑只識得「百
歲之食飲」的人:「是奚足哉!男兒須為子孫立不拔之基,安可以
身死而遂止乎?」為了達到此一目的,他們「用心至繁至密,其為
類至賾至眾」。他們生則「卜宅而求諸陽」,死則「卜地而求諸
陰」,「務圖吉地以蔭後人」。平日行事,也盡做些「積德於冥冥,
施報於昭昭」的事,以便多積陰功,「貪此一口無窮茶飯以貽後人」。
對於這一類人,卓吾譏之為:「勞其形骸,以為兒孫作馬牛。」

卓吾深信果報風水之說,但他雖然與民間佛教共享有同一套的
因果報應觀,卻對這套超自然的「道德賞罰系統」[35]的工具式應用,
頗不以為然。這當然是因為他覺得此世的一切物質性價值,都不足
戀,不配作為解脫之道的緣故。他指以上兩類競求「百歲之食飲」、
「數十世之食飲」的人是「見小而欲速」:

> 所見在形骸之內,而形骸之外則不見也;所欲在數十世之久,
> 而萬億世數則不欲也。[36]

---

[35]　這是酒井忠夫所鑄之詞。轉引自Wm. Theodore de Bary, "Individualism
and Humanitarianism in Late Ming Thought",收入 *Self and Society in
Ming Thought,* edited by Wm. Theodore de Bary, p. 176。

[36]　李贄:《焚書》,卷二,〈答劉方伯書〉,頁53–54。

　　如此這般地鄙薄此世，發展到極致，人的「身」就成了一切禍患的根源。卓吾正是從這樣的角度，來理解老子「吾有大患，為吾有身；若吾無身，更有何患」的說法；他引申道：「古人以有身為患，故欲出離以求解脫」。這自然是把道家的話頭佛教化了。對於卓吾而言，最好不要出生，也就是從根源處使此「身」無由發生；才是正本清源之道。卓吾夫子自道：

> 即以釋迦佛加我之身，令我再為釋迦出世，教化諸眾生，受三界二十五有諸供養，以為三千大千世界人天福田，以我視之，猶入廁處穢，掩鼻閉目之不暇也。**㊲**

這是對此世的物質性價值最徹底的蔑視與厭棄。

　　卓吾又論及一些儒家所看重的此世取向的精神性價值。儒家所謂的「三不朽」，在他看來，都不是究竟解脫之道。他指出作為「孔門四科」**㊳**之一的「文學」之虛妄；

> 平昔文章，咸謂過人，不知愚者得之，徒增口業，智者比之，好音過耳，達人大觀，視之猶土苴也。**㊴**

正由於此，他雖然十分喜愛蘇軾的詩文，**㊵**但他卻指東坡沉迷在詩

㊲　李贄：《續焚書》，卷一，〈與周友山〉，頁32–33。

㊳　見楊伯峻編著：《論語譯注》，〈先進篇〉，頁117。

㊴　李贄：《焚書》，卷三，〈李中谿先生告文〉，頁120。

㊵　見李贄：《焚書》，卷二，〈寄京友書〉，頁70；及增補二，〈復焦弱侯〉。另見李贄：《續焚書》，卷二，〈書蘇文忠公外記後〉，頁67。

文之中，是「愈來愈迷」。東坡之所以不能「了生死」，原因之一，正由於東坡「於文字上填了許多口業」。[41]他因此苦口婆心，力勸知交焦竑 (1540–1620) 不可只向文章、書法這類可以獵取功名富貴的手段處著力，而應以生死、性命為重。他指出焦竑的大病恰在於聰明反被聰明誤：儘管焦竑有「蓋世聰明」，但卻把這「蓋世聰明」全用在「詩文草聖場中」；不幸又出色當行，甚為「得力」，「所嗜好者真堪與前人為敵」。他提醒焦竑：「文學」在求解脫上不具有究竟的、終極的意義，「縱得列於詞苑，猶全然於性分了不相干」。他指出：焦竑平日雖然也明白功名富貴「是身外之物」，但卻仍不免執迷不悟，反以這「身外之物」為「主」，而以「性命」為「賓」；「於生死念頭上不過一分兩分，微而又微也」。他剖心告訴至友：「我與兄相處，惟此一事（指「生死念頭」、「性命」一事），所以不能不屢屢告誡，「重疊如此」。[42]卓吾徹底否定了儒門「三不朽」中「立言」的終極價值，不認其足以「不朽」。

卓吾又認為「孔門四科」之首的德行（也是「三不朽」中為首的「立德」），亦與文學一律：「文章鳴世與道德垂芳等」，都是「有盡有漏之圖」。這樣的「不朽」，實在稱不上是「不朽」；因為「眾生盡時則此名盡」，所以「大丈夫不願寢處其中也」。[43]他因而覺得此世取向的道德理想，只是「小乘」，專為「下根」之人而設；他譏刺追求這類道德理想的人是「甘為下士，只作世間完人」。[44]

他顯然並不打算完全否定這些道德上的理想。但他深信：作為

[41]　李贄：《續焚書》，卷一，〈與周友山〉，頁32。

[42]　李贄：《續焚書》，卷一，〈與焦弱侯太史〉，頁21。

[43]　李贄：《續焚書》，卷一，〈與焦弱侯〉，頁41。

[44]　李贄：《焚書》，卷一，〈復宋太守〉，頁23。

解脫之道，這樣的道德理想無能為力，不足以為功，也不具有究極性的意義。他以儒教極度尊重的「節」、「烈」二項德目為例，指出：如果不能擺脫六道輪迴，而「常在生死」之中，則「不但沉溺聲酒之極者，為沒在苦中而不能出」；即便是他自己所極力稱道、「誇羨」，「以為非真男子不能至」的「節婦」、「烈女」，也沉浸在苦海之中，甚至遠較常人為苦：「其有生之苦尤何如也」。㊺他的態度於此可見。

儒教極重聲名，儒門經典中就有「君子疾沒世而名不稱焉」，「揚名於後世，以顯父母」之類的話頭。㊻卓吾卻極不謂然。他痛詆儒門中人最下者是「鄙儒無識，俗儒無實」，其次也不過是「迂儒未死而臭」；即便是儒者之學中的最上等者，竟也只是「死節殉名」而已。一旦學儒，就陷於名韁利鎖之中，於「生死大事」，「終無透徹之日」。他因此感歎：「一為名累，自入名網，決難得脫，以是知學儒之可畏也」。㊼卓吾與儒門中人對於聲名的看法，之所以如此南轅北轍，其最大因素，正在於前者徹底拒斥此世，而後者則視此世為唯一的世界，並以此世為唯一的取向。

經世事業，向為儒者所重（也就是「三不朽」中的「立功」）。卓吾雖然沒有專文討論這個問題，但筆端往往不經意流露出輕視經世事業，以為不足以與出世之學相提並論的態度。他在他的一篇名

㊺　李贄：《初潭集》，卷四，頁59–60。

㊻　前者見楊伯峻編著：《論語譯注》，〈衛靈公篇〉，頁173。後者見《孝經鄭注疏》（臺北：中華書局，1984），卷上，頁5a。按：卓吾對「君子疾沒世而名不稱焉」一句，曾作了如此這般的解釋：他以為聲名是孔子假借名色，以誘人向道的工具（見李贄：《焚書》，卷二，〈答劉方伯書〉，頁54）。揆其用心，仍是為了否定聲名的究極性。

㊼　俱見李贄：《續焚書》，卷一，〈與焦漪園太史〉，頁27–28。

文〈答以女人學道為見短書〉中就指出：邑姜以一女子而與周公、召公、太公之流並列為「十亂」；文母亦以一女子而「正二南之風」，並與散宜生、太顛之輩並稱為「四友」。他加了一段按語評論道：

> 彼區區者特世間法，一時太平之業耳，猶然不敢以男女分別，短長異視。而況學出世道，欲為釋迦老佛、孔聖人朝聞夕死之人乎？ [48]

他對經世、出世兩者之間主從輕重的看法，是很清楚的：經世事業，與「出世道」相較，不過是區區「世間法」，「一時太平之業」而已。他又曾品評月旦四位友人。他以為通州的馬經綸是「經世才也，止理會出世事業而乏朋侶」。 吉州的王大行則「非佛不行，非問佛不語，心無二念，動無雜思，他年一尊釋迦是的；不然，亦上品化生矣」。 承天的陳姓友人「用世事精謹不可當……出世事亦留心，倘得勝友時時夾持，進未可量」。 居殿的梅國楨則「雖眼前造詣勝是

---

[48] 李贄：《焚書》，卷二，〈答以女人學道為見短書〉，頁59-60。按：大約是因為有人責備卓吾開班授徒，招收女學生；卓吾不得不作這篇文字以自我辯白。卓吾所講之學，以及「女人」所「學」之「道」，主要是他所謂的「出世道」，也就是佛學；請參見《焚書》，卷四，〈觀音問〉，頁166-176。又：在中國文化大革命中「反儒尊法」運動正當令的時代，卓吾所講之學，女弟子所學之道，被說成是：「講商鞅變法，秦始皇焚書坑儒的故事」；卓吾的動機則被解釋作：「不能再拿孔孟那套東西來毒害青年，必須破孔丘那套」，「只有法家的理論才是富國強民的學說」。請參見：海冰：〈李贄三鬥耿定向〉，收入金儒杰編：《李贄新評》，頁96。這當然是特殊政治背景下（可參考汪學文的《毛共反儒尊法運動析論》〔臺北：國際關係研究所，1975〕）的一面之辭，不足為據。

三公……亦終為經世士耳」。❹ 「經世士」的梅氏地位，竟不如只以
念佛為已足、只打算當個自了漢的王大行；卓吾看小經世事業之態，
真是躍然紙上了。卓吾甚至相信：源於對此世的關心而產生的經世
事業，恰恰成為阻撓解脫、妨礙「出世了生死」的障業。上文曾提
及，從卓吾看來，蘇軾在「學道早求解脫」的事業上之所以失腳的
原因之一，是「文字上填了許多口業」。除此之外，卓吾相信東坡
「平生愛國憂民上又填了許多善業」，亦是另一緣由。這兩種業障
交征，終於使東坡死後重又淪入永劫的六道輪迴：

> 臨到常州回首（按：東坡於1101年卒於常州）時，……我知
> 平生許多善業口業一一現前，必定被此二業牽去，又不知作
> 何狀矣。愈來愈迷，求復為東坡身，我知其不可得也。❺

二業交征，甚至使東坡萬劫不復。卓吾對經世事業的疑慮，是顯而
易見的。

卓吾終於完全摒棄了「此世」中可能存在的一切解脫之道。人
間的種種榮華富貴固無論矣；即便是儒門中所推崇的「三不朽」，也
只是取死之道。他甚至主張：儒、釋、道三教，儘管有程度之異，
但共同的特色正是棄絕此世；他因此而達成了三教合一──實則為
儒、道兩家佛教化──的結論：

> （儒門）視富貴若浮雲，棄天下如敝屣然也。然曰浮雲，直
> 輕之耳；曰敝屣，直賤之耳：未以為害也。

---

❹ 李贄：《續焚書》，卷一，〈復陶石簣〉，頁7。

❺ 李贄：《續焚書》，卷一，〈與周友山〉，頁32–33。

> 若夫道人，則視富貴若糞穢，視有天下若枷鎖，唯恐其去之
> 不速矣。然糞穢臭也，枷鎖累也，猶未甚害也。
>
> 乃釋子則又甚矣：彼其視富貴若虎豹之在陷阱，魚鳥之入網
> 羅，活人之赴湯火然，求死不得，求生不得，一如是甚也。

他總結道，儘管三教有些枝節上的小異，但在大關鍵上則是一致的：
「然其期於聞道以出世一也」；因為，「蓋必出世，然後可以免富貴
之苦也」。❺

　　這種鄙薄此世的傾向，發展到極致，「身」、「心」之類易壞之
物固不足戀；甚至連聖賢與經典，卓吾也相信終將在「天地數絡，
乾坤易位」時，為無處寄託的聲名陪葬，最後消逝在渺茫冥漠的無
何有之鄉：

> 此身非究竟不壞也，敗則歸土矣。此心非究竟不壞也，散則
> 如風矣。聲名非究竟不壞也，天地數終，乾坤易位，古聖昔
> 賢，載籍無存矣。名於何有，聲於何寄乎？❺

這樣深刻的、銘心刻骨的虛無感，在中國的思想傳統——尤其是佛
教的傳統——中，或許並非絕無僅有。但此一虛無感，作為卓吾思
想的能量，作為卓吾此一「異端」所煥發出的「異彩」之光源，所
產生的鉅大動力，則必是史無前例的（詳下文）。

　　在卓吾對此世形形色色的價值——無論其為物質性的，抑或精

---

❺　李贄：《續焚書》，卷二，〈三教歸儒說〉，頁75。

❺　李贄：《焚書》，卷四，〈書方伯雨冊葉〉，頁140。這是卓吾在方伯雨
　　的藏書《楞嚴經》扉頁上所題的句子。

神性的——一而再地否定（如他所言：「一刀兩斷，不貪戀人世之樂」❺❸）以後，一重重的否定，卻必須面對眼前現成存在的生命——這無從否定的，令人求生不得、求死不能的生命（如卓吾一再談到的所謂「有身為患」❺❹）。現世的生命，與對現世生命的否定，兩者之間互相拉鋸而形成的緊張，鬱結成無以消解的焦慮；它們一層層累積起來，化為雷霆萬鈞的動力，蓄勢待發，力尋出路。

這股動力「整頓精神注定卿」，以卓吾所謂的「學道」為方向，為唯一出口，孤注一擲，激發而出，終而成就了卓吾獨樹一幟的學問：

> 天下之最宜當真者，唯有學道作出世之人一事而已。其餘皆日用飲食之常，精亦得，粗亦得，飽亦得，不甚飽亦得，不必太認真也。
>
> 學道早求解脫。
>
> 學出世法真為生死在苦海中，苦而又苦，苦之極也，自不容不以佛為乘矣。
>
> 學道人大抵要跟腳真耳。若始初以怕死為跟腳，則必以得脫生死、離苦海、免恐怕為究竟。雖遲速不同，決無有不證涅槃到彼岸者。
>
> 窮莫窮於不聞道。
>
> 得道真人不死，實與真佛真仙同。❺❺

---

❺❸　李贄：《焚書》，卷三，〈書黃安二上人手冊〉，頁132。

❺❹　李贄：《續焚書》，卷一，〈與周友山〉，頁32。

❺❺　引文出處依序為：李贄：《續焚書》，卷一，〈與友人〉，頁40；《續焚書》，卷一，〈與周友山〉，頁33；《續焚書》，卷一，〈與周友山〉，頁

「學道」，就是為了「證涅槃到彼岸」，跳脫遷遷不息的生死輪迴，成為「不死」的「得道真人」，而可以「脫生死、離苦海、免恐怕」。「學道」由上而下設定方向，焦慮（對現世、乃至於現世生命所作的否定，與現世及現世生命本身相激相盪、鬱積而成的焦慮）由下而上提供動力，兩者相合，卓吾思想才得以成立。**56**

　　總結以上所論：在中國以佛教為主的民間宗教中，固然早有「死後世界」的說法；但在思想史的傳統中，如同卓吾般以此作為其思想的基礎，並以「脫生死、離苦海」，「到彼岸」為一貫關懷，進而形成其學說者，也許並非絕無僅有，但似乎尚不多遘。正因為存在有一個可以超脫生死的「彼岸」，卓吾才敢、才能拒斥此世的一切解脫之道──無論是卜風水，求福報以蔭子孫（因此而有別於民間宗教）、或是立德、立功、立言以垂聲名於後世的「三不朽」（因此而有別於儒教），都不足以言解脫。他的「彼岸」，成了徹底拒斥此世的支點。相對於一般意義的儒教不相信死後還有世界（朱子言：「死便是都散盡了」），而視此世為唯一的世界，唯一的價值寄託的所在；卓吾堅信鬼神之有，正是他獨樹一幟之處。我們甚至可以說：卓吾之所以成為「異端」，而與「正統」分歧，其歧出點正在於兩者對「死後世界」之有無各持己見。卓吾的「死後世界觀」，因此使他從根本上立異於中國的一大部份思想傳統。**57**

　　　55；《焚書》，卷四，〈觀音問〉，頁168；《焚書》，卷三，〈卓吾論略〉，頁86。

　　　〈陽明先生年譜後語〉，轉引自容肇祖：《明代思想史》（臺北：開明書局，1978），第七章，〈陽明之學的再傳及其流派〉，頁235。

56　關於思想的能量與目的間之關係，見李永熾：〈思想史的類型、範圍與對象〉。

❺ 此處關於「彼岸」與此世之間的緊張關係，關於「彼岸」的支點作用，
我受惠於 Max Weber 的分析，才能形成以上的看法。請參看 Max
Weber 著，簡惠美譯：《中國的宗教》，頁302–303。Weber 亦曾論及
中國的「巫術之系統性的理性化」，見頁262–269。可一併參看。又：
我固然借用了 Weber 的「彼岸」作為一個支點的看法，並依賴 Weber
的卓識來觀察卓吾「彼岸」的意義；但我決不主張卓吾與具有「彼
世」(the beyond)觀念之基督新教，可以毫不擷擇的互相比附、等量齊
觀。卓吾相信人人皆有佛性（見李贄：《焚書》，卷一，〈答周西巖〉，
頁1）。換言之，人與「終極真際」的天之間，在本體上不是對立的，
透過「學道」的努力，個人可以在「彼岸」與「真佛真仙」同儕並列。
僅就這一點而言，就與儒教「人皆可以為堯舜」（《孟子》，〈告子篇〉，
下篇，第 2 章）的信念同樣可以歸為「內在超越」的型態。而與基督
新教、乃至於天主教那種「人和神在本質上是一種對立」（這是錢新
祖老師在〈中國的傳統思想與比較分析的「措詞」[rhetoric]〉一文中
的句子，見《臺灣社會研究季刊》，第1卷，第1期，1988年春季號，
頁189–208。引文見頁199）的「外在超越」的看法大異其趣。關於「內
在超越」的文明型態，請參看本書第三章的討論。
　　另外，Weber 以為：「在儒教倫理中所完全沒有的，是存在於自然與
神之間，倫理要求與人類性惡之間，罪惡意識與救贖需求之間，塵世
的行為與彼世的補償之間，宗教義務與社會─政治的現實之間的任何
緊張性」（見《中國的宗教》，頁302–303）。儘管 Weber 的研究總是
充滿了洞見，但這些話也未免說得過火。Weber 的這套說法，是站在
西方基督教(Christianity)文化的符號系統中立論的，與中國文化並不
見得能夠相應。上引錢新祖師的文字，針對 Weber 此說，提出了中肯
的評論。可一併參看。
　　對卓吾、儒教、基督新教三者立場的進一步比較分析，將在以後的章
節中，順著資料的鋪陳與解釋，而逐漸展現出來。
　　另外，余英時也談到「民間信仰並不專屬於下層人民，而同樣是上層
士大夫文化的一個組成部份」。見氏著：《中國近世宗教倫理與商人精
神》（臺北：聯經出版公司，1987），頁146。頗值得參考。就此處關

第二節　不歇的緊張、焦慮感

　　眾生沉迷在現世之中，除非能自我作主，化被動為主動，與那種種糾纏著眾生，把眾生牢牢牽絆住的執念、繫念一刀兩斷，「不貪戀人世之樂」；才能擺脫六道輪迴，出離苦海，往生「彼岸」。就是由於這種體認，卓吾的生命型態，才不再像芸芸眾生一般，任憑內在的慾望與外在的因緣推動，隨波逐流、順流而下；卓吾如今以「學道」為主線，把自己的整個生命貫串、統一起來，並由此而賦與生命以秩序。那始終揮之不去、如影隨形的焦慮（對現世、乃至於現世生命所作的否定，與現世及現世生命本身相激相盪，鬱積而成的焦慮），就成了保證、維持這秩序的動力。本節將證明：這樣的焦慮感，在卓吾之學中，是一以貫之的；在卓吾精神上，則至死方休。

　　卓吾相信：聖、凡的分別，正在於「怕死」與「不怕死」。「世人」愚昧，所以「不怕死」；因為「不怕死」，所以「貪此血肉之身」，「卒至流浪生死而不歇」，最後終究難以跳脫六道輪迴。「聖人」則「萬分怕死」；由於「萬分怕死」，是以會「窮究生死之因」，直到擺脫六道輪迴，「直證無生而後已」。照卓吾看來，怕死之尤者，就是「佛」與「聖人」：「自古唯佛、聖人怕死為甚」。他甚至曲解了孔子的話頭，以為《論語》中所謂「子之所慎，齋戰疾」（語出《論語》〈述而篇〉十三章），所謂「臨事而懼，若死而無悔者吾不與」

　　　涉的部份而言，我的看法是：這種傾向固然自古皆然，但把「民間信仰」（此處指民間流行的佛教）作為自己思想體系的基礎，似乎正是卓吾之學立異於他人的特色之一。

（語見《論語》〈述而篇〉十一章），正是孔子「怕死」的表現，正是孔子會去「窮究生死之因，直證無生而後已」的理由。聖人是「怕死之大者」。 這其實是卓吾的夫子自道，卓吾自己也「萬分怕死」，他正是「怕死之大者」。❸

卓吾從而對《論語》〈里仁篇〉中「朝聞道，夕死可矣」❺這句話，做了以下的佛教式的解釋：

> 怕死之大者，必朝聞而後可以免夕死之怕也。故曰「朝聞道，夕死可矣」。曰可者，言可以死而不怕也；再不復死，亦再不復怕也。❻

他以為：「學道」的人，必須「至聰至明，至剛至健」，必須具備「聰明蓋世，剛健篤生，卓然不為千聖所搖奪」的根器。只有這樣的人，才能夠懷有「夕死之大懼」，抱定「朝聞之真志」。也只有「逼之以夕死」，真的體認到自己被「夕死」苦苦相逼，感受到「夕死之大懼」；更因此而立下「朝聞之真志」——「急之以朝聞」——以便在將「死」之「夕」以前，在此「夕」之「朝」，早早「聞道」：只有這樣的人，才足以語「學道」。也只有「學道」之人，有「朝」一日，才得以「退就實地，不驚不震，安穩而踞坐之耳」。❻卓吾自己，就是一位「逼」於「夕死」，而「急」於「朝聞」的人。「逼」、「急」二字，正顯露出卓吾的緊張、焦慮感。

---

❸　李贄：《焚書》，卷四，〈觀音問〉，「答自信」，頁171。

❺　楊伯峻編著：《論語譯注》，〈里仁篇〉，第八章，頁40。

❻　李贄：《焚書》，卷四，〈觀音問〉，「答自信」，頁171。

❻　李贄：《焚書》，卷一，〈答李見羅先生〉，頁7。

　　「夕死」是個絕對的界限，它截然分隔了陰、陽兩個世界。在「夕死」以前，我們有機會可以「學道」以了生死，在「夕死」以後，我們或已可脫生死、出輪迴；或在「報盡業現」❷後，仍將再入六趣、重墮輪迴。此際一切都已決定，種種亡羊補牢之方，也都嫌太晚了。作為界限而言，「夕死」是確定的。

　　但「夕死」又不是一個已然決定的終點，其來不知於何時，亦不曉在何地。這種不確定所造成的懸疑，更促進了卓吾的恐慌。他自覺「朝」不保「夕」、九死一生。由此而促成的焦慮與緊張，是顯而易見的。

　　在「夕死」的確定性與不確定性的夾攻下，卓吾唯一能做的，就是儘早「聞道」，以脫生死。從而可以免除此一不知何時而來、何地而至的「夕死」之威脅；免除這一旦來臨，就鐵案如山、難以翻轉的「夕死」的凌迫。使自己「再不復死，亦再不復怕」，所謂「必朝聞而後可以免夕死之怕也」。「夕死」以後，覆水難收，大勢已去；一切挽救的措施，都無濟於事了。

　　正由於此，卓吾對「求道」一事，總有日月如梭、時不我與之感。他說過：「無常迅速，時不待人」，❸「只為死期日逼，閻君鐵棒難支，且生世之苦目擊又已如此，使我學道之念轉轉急迫也」。❹從這些極為痛切的話，可以測知他在「夕死」的逼近、凌迫之下，所懷著的令人坐立不安的焦慮。他又曾惋歎「日過一日，壯者老，少者壯，而老者又欲死矣」，自覺「夕死」將至，而自己未必已經得「道」，所以自許「更不作小學生鑽故紙事」，不再在著述上浪擲

---

❷　李贄：《焚書》，卷二，〈與莊純夫〉，頁46。

❸　李贄：《續焚書》，卷一，〈與吳得常〉，頁17。

❹　李贄：《焚書》，卷二，〈答劉晉川書〉，頁57。

心力；而應該盡心盡力於「淨土」、「參禪」事業：「唯有主張淨土，督課西方公案。……參禪事大」。他相信：「真實為生死苦惱怕欲求出脫」的人，都該有這樣的覺醒。**❻**

在「夕死」以前，先有個準備，先期於「聞道」， 以「免夕死之怕」；卓吾稱這種存心為「提防」。他能近取譬，舉例以明之：「凡事也要提防。如出路人不論晴雨，必先備了雨傘，未上船就要糴米買柴，這都是提防」。與此同理，卓吾以為：

> 吾人為生死事大，也是這等提防。……信心念佛，臨終必定往生淨土。……這也是個提防的法子。**❻**

由於「夕死」的不確定性（不知何時而來、何地而至）， 以及確定性（一旦來臨，就鐵案如山、難以翻轉）， 卓吾必須趕在「夕死」以前，儘速「學道」，早日使此「道」入手，這就是「提防」。

即使此「道」已經入手，亦不能保證不再退墮入「苦海」之中。卓吾說：「雖生彼（按：指西方淨土），亦有退墮者」。原因在於「佛又難見，世間俗念又易起」；「一起世間念即墮矣」， 於是就又退離出了西方淨土，墮落回了苦海之中。有鑑於此，卓吾相信，真正的大關鍵在於「不患不生彼，正患生彼而不肯住彼」； 這才是「欲生西方者之所當知」。**❻**他又告誡友人在「學道」功夫上宜「加猛火」，「使真金一出礦，不復至入礦」。**❻**足見得「道」之後，仍須

---

❻ 李贄：《焚書》，卷二，〈復澹然大士〉，頁79。

❻ 潘曾紘編：《李溫陵外紀》，卷一，〈永慶答問〉，頁7b–8a。

❻ 李贄：《焚書》，卷二，〈與李惟清〉，頁61。

❻ 李贄：《續焚書》，卷一，〈與陸天溥〉，頁4。

小心「提防」，以免重又「退墮」於「世間俗念」之中，又得再度「入礦」。「道」成了個關繫己身生死，必須小心翼翼、時時呵護，一有失墜，便不免以身殉之的東西了。卓吾的飽受煎熬，是可想而知的。

卓吾對於死亡所懷抱的恐懼感之強烈，在中國思想史的傳統中，大約是罕見其匹的。❻❾他之所以如此「怕死」，也因為只有在「夕死」之後，到了「死後世界」，我們才能知道自己是否已經「得道」，是否已然擺脫了「六道輪迴」。「夕死」因此除了具有上文所說的確定義與不確定義之外，又另有「唯一的證據」義：自己是否已經解脫的直接證據，只有在「夕死」以後才能完全揭曉。「夕死」是卓吾一生孜孜「學道」之後，結清盈虧的總清算的日子，是放榜的時候。

對於一般儒門中人而言，只有此生此世，沒有永劫不息的六道輪迴；當然也談不上以脫生死、出輪迴為「學道」之標的。儒者僅憑在此世之中立德、立言、立功的三不朽，或者處事接物時心中的自信（「君子不憂不懼」。見《論語》〈顏淵篇〉四章），就足以證明自己已經體現了孔子的「道」。民間宗教的信徒們求風水、積陰功，以求「百歲之食飲」、「數十世之食飲」。至於是否靈應，是否奏功，

---

❻❾　《論語》〈先進篇〉中有「未知生，焉知死」的話；錢穆認為這是孔子「以人生問題來解答人死問題」，「與其他宗教以人死問題來解決人生問題者決不同」。見錢穆：《靈魂與心》（臺北：聯經出版公司，1990），〈孔子與心教〉，頁29。道家的莊子則說：「適來夫子時也，適去夫子順也。安時而處順，哀樂不能入也。古者謂是帝之懸解。」郭慶藩的解釋是：「生為我時，死為我順。」見王先謙：《莊子集解》，〈養生主〉，頁20。儒、道兩家對死亡的態度，無論是就恐懼的強度而言，抑或就持續不斷、始終盤旋不去的時間長度而言，似乎都比不上卓吾。

儘管未必可以立判，但也不妨在此世坐待效驗之來。相形之下，卓吾儘管在此生之中生活，在此世之中「學道」，但可資證明自身確實已然脫離苦海、安抵「彼岸」，出離生死、跳脫輪迴的證據，卻完全無從在此生此世求得。除了他的自信以外，人間的形形色色，都不配當作證據；而「自信」又實在不成其為鐵證，實在不足以令人放心。也因此，這樣的「自信」根本就算不上是「自信」。事實上，卓吾一生，從未能有十足的把握，確信自己當真已經此「道」入手，有資格可以往生「彼岸」、擺脫輪迴了。原因正在於：這個迷團，只有在「夕死」時才解得開。他的這種心思，在以下的例證中是顯而易見的。

宋朝王日休所著《龍舒淨土文》中，有五祖戒禪師轉世投胎，化為蘇東坡的傳說。❼卓吾深信此事，並為此感歎不已。他曾在好幾個不同的場合中談到這個傳說。或在書信之中，或在與人論學之時。透過這個傳說，他透露了他的遺憾、恐懼與憂患。

卓吾覺得最大的憾事就是：「最恨戒禪師復來作蘇子瞻」。據《景德傳燈錄》記載：戒禪師是雙泉寬的第一弟子，雙泉寬又受雲門大師的印可；戒禪師因此算得上是「雲門嫡孫」，是「法眼嗣」。卓吾因而有此一問：既是「雲門嫡孫」，是「法眼嗣」，則「有何不得力」？何以「方再傳便爾舛錯，復受後有（按：指「後有之身」）」，「復來作蘇子瞻」？

依卓吾看來，從戒禪師轉世投胎化身為蘇子瞻，實在是一種墮落，實在是一代不如一代。「東坡到老也不得了（按：指不得了生死）」，「戒禪師縱不濟事，實勝子瞻幾倍」；然而，一旦「來蘇家投

---

❼ 王日休：《龍舒淨土文》（臺北：三寶弟子，1988），卷七，〈戒禪師後身東坡〉，頁76。這條資料承江燦騰兄見告，特此致謝。

胎」、「便不復記憶前身前事」、「向來面目已失卻些子」。此後，化為蘇子瞻的戒禪師，儘管「賴參寂諸禪激發」，還「能說得幾句義理禪」，但「不及戒禪師，不言又可知也」；如此這般的「義理禪」，不但無補於「學道」，反而適足以成為「障業」。尤其糟糕的是，化為蘇子瞻的戒禪師，在此生更不免習染上了一堆伴隨此生以俱來的障業：「於文字上添了許多口業」、「平生愛國憂民上又添了許多善業」。到了蘇軾「常州回首」（按：蘇軾於1101年卒於常州）、面臨「夕死」之際，「不但這幾句義理禪作障業，我知平生許多善業、口業一一現前，必定被此二業牽去，又不知作何狀矣」。而「六道輪迴」的規律傾向於每下愈況，日趨下流。所以，卓吾相信：擁有蘇子瞻後身的戒禪師，此後只會「愈來愈迷」、「後便不可知矣」；就算僅僅想要恢復原狀，「求復為東坡身」，「我知其不可得也」。

如果連戒禪師都會失腳而「強顏復出」，如果連戒禪師都「與不知參禪學道者一律」，脫不掉輪迴、了不去生死，「則《傳燈》諸有名籍者豈能一一出世了生死乎？」卓吾因而提出了一個他念茲在茲，懸念不已的問題：「既不能了，則學道何益？」「僕實為此懼」！在他幾次纏綿病榻，或不免「夕死」之際，這個問題尤其擾人。他事後回憶道：「予往抱病思及此事，真好怕人！」「業緣易染，生死難當，僕非病此一番，未必如此著忙」。他以戒禪師為前車之鑑，痛定思痛地自儆：「學道之人本以了生死為學，學而不了，是自誑也」。

依照卓吾的看法，戒禪師必定在「學道」的某一個關鍵處失了足。然而，最讓卓吾憂心忡忡的是：他卻不知道這個關鍵點在何處。他以此自問，也以此扣人：

且道五祖戒不了在甚麼處?

（戒禪師）未審於何蹉過? **⑦**

卓吾既不能知道作為「雲門嫡孫」與「法眼嗣」的戒禪師，其前車
是在何處翻覆的；也未必就有十足把握，相形之下，算不上是「雲
門嫡孫」與「法眼嗣」的自己，就決不致於重蹈戒禪師的覆轍。我
們如果把「學道」比作茫茫「苦海」裏的一葉扁舟，那麼，戒禪師
「蹉過」、「不了」之處，正是這一葉扁舟上不知在何處的小小漏洞。
總有一天，此一無跡可尋的小小漏洞，會釀成滅頂之禍。在抱病而
「夕死」臨頭之際，思念及此，當然會讓卓吾覺得「為此懼」、「真
好怕人」了。

　　極為諷刺的是：在卓吾死後，也有一則傳說，說卓吾「生平歷
履大約與坡老暗符」，所以猜測他本人也是「蘇子瞻後身」。**⑫** 這只
能看作是歷史在拿死人開玩笑 (ingenious trick played on the dead)，
卓吾地下有知，大概是會哭笑不得、啼笑皆非的。

　　在「學道」事業上，戒禪師是不足法的——取法乎下，僅得乎
中。比較安全、保險的作法，是取法乎上，效法那些確實得到解脫
的榜樣；高標準總是比低標準要可靠得多了。卓吾因此會主張要懸
「悟達師」、「歌利王」以為標的。然而，這樣的高標準卻並不容易
達到。與這樣的高標準相形之下，「學道」之人，不免更是忐忑不

---

⑦　此處的討論，所根據的史料是：李贄：《續焚書》，卷一，〈與周友山〉，
　　頁32–33。以及：潘增紘編：《李溫陵外紀》，卷一，〈柞林紀譚〉，頁
　　17b–18a。

⑫　見袁宏道撰：〈枕中十書序〉，轉引自廈門大學歷史系編：《李贄研究
　　參考資料》，第2輯，頁54。

安了：

> 歷觀前劫，想不能如悟達師之戒律精勤，重重十世以為高僧；
> 俯念微軀，又不如歌利王之割截身體，節節肢解而無嗔恨。
> 舉足下足，固非恣尤；日增月增，無可比喻。㊷

卓吾的憂慮，從字裏行間呼之欲出。

　　總而言之，卓吾在「夕死」之前，始終懷著幾樣環繞著「夕死」而相互關聯的疑慮：「夕死」何時來臨？在「夕死」以前，自己是否還來得及「學道」？是否確實能夠得「道」？在「學道」以「了生死」的事業上，自己會不會重蹈戒禪師的覆轍，犯了同樣的錯誤，「蹉過」了解脫之「道」，而終於「不了」？那又會是甚麼樣的錯誤？在自己這漂蕩在汪洋「苦海」中的一葉「學道」的扁舟上，是不是有一處不知在何處的漏洞，正在一點一滴的滲進水來？自己是个是能如「悟達師」、「歌利王」一般，得以解脫？即便「道」已入手，自己是否就有把握不再起「世間俗念」，從而「生彼」而不能「住彼」，終於再度「退墮」回「苦海」之中？自己「提防」得夠不夠？卓吾一日在世，這些重重疑雲，就始終籠罩著他的生命，令他憂心忡忡，難以釋懷。只有「夕死」才能使他從這樣的焦慮、緊張、恐懼與憂患中解脫出來；也只有「夕死」可以解開他是否已經「脫生死、離苦海」、「到彼岸」的謎底。問題是：到了那個時候，一切都已塵埃落定，想要補救，也為時已晚了。因此，卓吾對「夕死」，總

㊷　李贄：《焚書》，卷四，〈代常通病僧告文〉，頁151-152。儘管這是卓吾代人作的告文，但若非他自己體會極深，就不至於有如此詳切著明、體貼入微的筆法。以下的討論所根據的史料都是這一類的文字。

懷著既畏懼（「夕死」臨頭時，如果還未能「朝聞道」，如何是好）、
又期待（自己是否「蹉過」了解脫之「道」，是否「生彼」並能「住
彼」的謎團，終於可以解開）的矛盾心理。

卓吾曾以溺海遇救為喻，說明「學道」過程中的心路歷程。眾
生在人世的水深火熱裏受盡折磨，「如人沒在大海之中」，「所望一
救援耳」。幸而有「舵師」（佛、菩薩?）拯溺，「以智慧眼，用無礙
才」，「一舉而救援之」。當此際，幸而獲救的人，「慶幸雖深，魂魄
尚未完也。閉目噤口，終不敢出一語」；「經月累日」，只能「唯舵
師是聽」。等到船抵岸邊，浩劫餘生、終登「彼岸」的人，「攝衣先
登，腳履實地，萬無一死矣」。此時就算「舵師」「復紿之曰」：「此
去尚有大海，須還上船，與爾俱載別岸，乃可行也」，此人也必定
「搖頭擺手，徑往直前，終不復舵師之是聽矣」。卓吾以為，這樣
的心路歷程，是「千古賢聖，真佛真仙」所共具的。❼

在溺海遇救、未抵「彼岸」前的膽戰心驚是如此，於往生「彼
岸」、終脫大患後的欣喜安樂又如彼。但我們如果回顧上文中的討
論，就可想而知：在難以確定是否能登上「彼岸」以前，卓吾一生
中，大約自覺「腳履實地，萬無一死」的時候少；而「魂魄尚未完」，
「閉目噤口，終不敢出一語」的時候多。

正因為此，卓吾對《中庸》一書中「人皆曰予知，驅而納諸罟
獲陷阱之中而莫之知辟也」❼一句，乃有如此這般的佛教式的解釋。
卓吾指出：不但釋氏「動以生死恐嚇人」，即便是「吾聖人」，「亦言
生死也」。孔子「十五便志學，五十猶學《易》」，就是為了「陷阱

---

❼　李贄：《焚書》，卷三，〈虛實說〉，頁102。

❼　朱熹集注：《四書集注》（臺北：中華書局，1983），《中庸》，第七章，
頁4a–4b。

在前」，不得不「思所以急避之」。孔子之所以總是「戒慎恐懼、臨深履薄」，原因就在於惟「恐此身出不得苦」。也正由於此，孔子才把這人生之「苦」，「比之禽獸，比之貪夫；比之網罟，比之牢獄」；而催促人們「早依於《中庸》耳矣！」**⑯** 在卓吾看來，《中庸》全書的題旨，都環繞著他所謂的「求道」、「了生死」、「出苦海」而展開。

在「學道」的過程中，總有「陷阱」在前。人之赴「陷阱」，如同「禽獸」、「貪夫」之奔赴「網罟」、「牢獄」。這正是孔子自少年時起就必須「志學」，到了知命之年，猶須「學《易》」；而卓吾終其一生，始終得戰戰兢兢、憂懼叢生，「戒慎恐懼、臨深履薄」的原因。

所謂「陷阱」、「網罟」與「牢獄」，不但存在於外在的「苦海」之中，更暗藏於我們內在的心性深處。事實上，正是因為我們自己的弱點裏通外國，才使我們對外在的「苦海」中的「陷阱」「莫之知辟」。這些弱點才是真正的大關鍵，才是「學道」者最不可掉以輕心、最該小心對付的要害所在。卓吾曾警人兼而自警地指出「學道」者本身的惰性與雜念多麼容易阻撓、妨礙「學道」這項工作：

> ……將就度日，不免懶散苟延，心雖不敢以為非，性或偏護而祗悔。……早夜思惟，實成虛度。
>
> 縱此心凜凜，不敢有犯；而眾念紛紛，能無罔知？但一毫放過，即罪同丘山；況萬端起滅，便禍在旦夕乎？**⑰**

---

⑯ 李贄：《明燈道古錄》（臺北：廣文出版社，1983），卷下，五章，頁8b–9a。

⑰ 李贄：《焚書》，卷四，〈代深有告文〉，頁148。

卓吾所謂的「罪」，　所冒犯的自然不會是西方基督教裏那至高無上
的神。犯「罪」者所真正得「罪」的，是那冥冥之中的永恆的秩序，
那促使眾生隨業報而陷入六道輪迴裏的永恆的秩序（見上一節討論
因果報應的部份）；　由此而來的懲罰，則是淪入六道輪迴，永世不
得超生——歸根究底，犯「罪」者所賠掉的其實是自己的解脫。一
方面，這樣的「罪」無以隱瞞，那冥冥中的帳簿不會放過任何一點
小小的過犯。另一方面，它或者就是戒禪師「蹉過」、「不了」之處。
所以，只要「放過」一絲「一毫」，就不免「罪同山丘」，從而招來
「旦夕」之「禍」。如此這般的「罪」與隨之而來的「禍」，當然令
卓吾自覺動輒得咎，「舉足下足，罔非愆尤」；而且，「學道」者的
「愆尤」，「日增月增，無可比喻」，大有日積月累、蒸蒸日上之
勢。 ❼❽

　　受逼於這種內在精神上永不歇止的緊張與不安，卓吾安排了
「諸佛」 ❼❾ 作為高高在上的鑒臨者。「慈」、「嚴」兼具，「大慈大悲」、
「大雄大力」的「諸佛」，　理解那冥冥之中的永恆的秩序；所以在
「眾生」「學道」的路途之上，在「眾生」克制自身內在的弱點、
從而避開外在的陷阱之時，在「眾生」改過遷善的努力之中，可以
助「眾生」一臂之力。卓吾把在「諸佛」之前懺罪、悔罪的時刻，
看作是一個洗心革面、重獲新生的原點。 ❽⓿ 在此以前的一切都往者

---

❼❽　李贄：《焚書》，卷四，〈代常通病僧告文〉，頁151–152。

❼❾　卓吾相信：在「學道」求解脫時，除了憑藉自力以外，不足之處，尚
　　可祈靈於「諸佛」：「佛乃三界之大父，豈以僧無可取而遂棄之；況我
　　實諸佛之的嗣，又豈忍不以我故而不理也！」見李贄：《焚書》，　卷
　　四，〈禮誦藥師經畢告文〉，頁151。

❽⓿　按：在晚明思潮中，罪惡感之流行似乎是普遍的現象。由此而發展出
　　了種種省過的方法，卓吾不過是其中一端而已。這自然與陽明學中「良

已矣；在此以後的種種則猶來者可追：

> 因忍痛以追思，或明知而故犯。彼已往其奈之何，恐將來當墮無間。……仗諸佛為證明，一懺更不再懺；對大眾而發誓，此身即非舊身。若已滅罪而更生，何異禽獸；倘再悔罪而復懺，甘受誅夷。伏願大慈大悲，曲加湔刷；大雄大力，直為洗除。[81]
>
> 深有等為此率其徒若孫，敬告慈嚴。慈以憫眾生之愚，願棄小過而不錄；嚴以待後日之譴，姑准自改而停感。則萬曆二十一年十月以前，已蒙湔刷；而從今二十一年十月以後，不敢有違矣。[82]

知」說的發展有關。詳細的論證可參看以下的文字：Pei-Yi Wu（吳百益），"Self-examination and Confession of Sins in Traditional China", *Harvard Journal of Asiatic Studies*, 39: 1 (1979), pp. 5–38。特別是 p.16以後。及我的朋友王汎森的文字：〈明末清初的人譜與省過會〉，見《中央研究院歷史語言研究所集刊》，第63本，第3分（南港：中央研究院歷史語言研究所，1993年7月），頁679–712。

[81] 李贄：《焚書》，卷四，〈代常通病僧告文〉，頁151–152。

[82] 李贄：《焚書》，卷四，〈代深有告文〉，頁148–149。此處的儀式，當然不能與西方基督教中制度化的「洗禮」(baptism)相提並論。但如同某些基督教流派中的「洗禮」一般，具有「再生」的意義（並不是所有基督教支派都同意「洗禮」具有「再生」的意義），則是顯而易見的。關於基督教中的「洗禮」與「再生」的關係，請參看 *Theological Word Book of the Bible*, edited by Alan Richardson, 由湯張瓊英、朱信翻譯：《聖經神學辭彙》（香港：基督教文藝出版社，1989），頁49–54。

以這個時間上的原點為起點，懺罪者的罪過，由「諸佛」加以「湔刷」、「洗除」，從而脫去了「舊身」，而得到了新生。此後，「學道」者生命中最重要的工作，就是克服自身內在的弱點，不再觸犯任何罪過，從而使自己始終維持住為「道」所充盈的狀態。

除此之外，卓吾也極強調佛門中的「戒」法，以為在「學道」的漫漫歷程中，也可作為克治自身內在弱點時，始終一貫的助力：

> 佛說波羅蜜。波羅蜜有六，而持戒其一也。佛說戒、定、慧。戒、定、慧有三，而戒行其先也。戒之一字，誠未易言。戒生定，定生慧。慧復生戒，非慧離戒；慧出於戒，非慧滅戒。然則定、慧者成佛之因，戒者又定慧之因。

「戒」是眾生得以「成佛」的根本。即使已臻「慧」境，仍必須時時持「戒」。所以卓吾強調「戒」是「眾妙之門」，「破戒」是「眾禍之本」。持「戒」之人，必須莊重嚴肅，「如臨三軍」；必須謹慎小心，「如履深谷」。只要有「須臾不戒」，就不免「喪敗而奔」、「失足而殞」。佛門中「重於山岳」的「三千威儀」，與「密如牛毛」的「八萬細行」，都是為幫助「學道」之人克服自己內在的弱點，以避開那外在的重重「陷阱」而設的。❽❸「三千」與「八萬」，極言其多。佛陀「大慈大悲」，所以在「戒」字上，不得不「至細至嚴」。❽❹卓吾因此鄭重勸告有心「學道」的人，務必要遵循這種種清規戒律，「嚴而又嚴，戒之又戒」。就出家「學道」的僧侶（卓吾自己是在萬曆十六年[1588]出家的）❽❺而言，行住坐臥，更不可有片刻放鬆：

---

❽❸　李贄：《焚書》，卷四，〈戒眾僧〉，頁165–166。

❽❹　李贄：《焚書》，卷四，〈安期告眾文〉，頁153。

> 自今以往，作如是觀：坐受齋供，如吞熱鐵之丸，若不膽戰
> 心寒，與犬豕其何異；行覓戒珠，如入清涼之閣，若復魂飛
> 魄散，等乞丐以何殊！如此用心，始稱衲子。❽

出家的僧侶為專心求「道」而受人布施，對人對己都負有責任；❽
所以更必須聚精會神、全神貫注，把自己的生命安排、整頓起來，
刻刻不可「魂飛魄散」，時時要能「膽戰心寒」，不許有片刻的鬆懈。
從這些描述中，可以偵出卓吾於「學道」之時，唯恐有墜、動輒得
咎的感受。

在持「戒」之時，除了有「諸佛」的鑒臨外，「學道」者又自
覺四周的「人」與「鬼」都冷眼看著，監視著自己。這樣的心理壓
力，也讓「學道」者不敢掉以輕心：

> 勿曰「莫予覷也」，便可閒居而縱恣。一時不戒，人便已知，
> 正目而視者，非但一目十目，蓋千億目共視之矣。勿曰「莫
> 予指也」，便可掩耳而偷鈴。一念不戒，鬼將誅之，旁觀而嗔
> 者，非但一手十手，蓋千億手共指之矣。❽

文中的「非但一目十目，蓋千億目共視之矣」、「非但一手十手，蓋
千億手共指之矣」，自然是從《大學》〈誠意章〉「十目所視，十手

---

❽　見陳清輝：《李卓吾生平及其思想研究》，頁107-108。

❽　李贄：《焚書》，卷四，〈戒眾僧〉，頁165-166。

❽　卓吾曾指出：「夫出家修行者，必日乾而夕惕；庶檀越修供者，俱履
　　福而有功」。見《焚書》，卷四，〈代深有告文〉，頁148。

❽　李贄：《焚書》，卷四，〈戒眾僧〉，頁165。

所指」[89] 一段話脫胎出來的。《大學》中的這一段話，後來也出現在
劉宗周(1578–1645)的省過方法中：

……乃進而自訟曰：「爾固儼然人耳，一朝跌足，乃禽乃獸，
種種墮落，嗟何及矣！」應曰：「唯唯。」復出十目十手之指
視，皆作如是言。應曰：「唯唯。」於是方寸兀兀，痛汗微星，
赤光發頰，若身親三木者。已乃躍然而奮曰：「是予之罪也
夫。」則又自頌曰：「莫得姑且供認！」又應曰：「否否。」……[90]

吳百益在討論晚明王學中的訟過法時，曾點出劉宗周在自訟己過時，
自我並未分裂為「原告」、「被告」兩個角色，而是輪流替換以「原
告」、「被告」的角色出現。[91] 我們如果把劉宗周的例子與卓吾聯繫

---

[89] 朱熹集注：《四書集注》，《大學》，第六章，頁5b。

[90] 見劉宗周：《人譜類記》(臺北：廣文書局，1971)，〈續篇三〉，「訟過
法」，頁159。另見王汎森：〈明末清初的人譜與省過會〉頁701的討論。

[91] Pei-Yi Wu (吳百益)，"Self-examination and Confession of Sins in
Traditional China", pp. 27–28。錢新祖鉅眼覷透地把吳百益的論點放
在整個中國的文化型態中來理解。他指出：吳氏此說「很能夠顯示儒
家所謂的天人關係跟西方基督教裏所說的人神關係不一樣。在基督教
裏，人是介於神和禽獸之間的一種特殊生命；是既不是神，也不是禽
獸，而也是既有神性也有獸性。所以人在懺悔的時候一定要分裂成為
兩個部份，有神性的那個部份只能接受悔過，但不能作悔過；而獸性
的那個部份則只能作悔過，但不能接受悔過。可是中國儒家則認為天
和人在存在上是一體的，人不是半個神和半個禽獸的結合體，所以人
的自我是一個整體的自我，是既可以作悔過，也可以接受悔過的。」見
錢新祖：〈近代人談近代化的時空性〉，載《思與言》，第21卷，第1期
（臺北：思與言雙誌社，1982年5月），頁18。

起來看，劉宗周的「原告」的「十目十手」，已經在卓吾身上，透過冷眼旁觀、指指點點的「人」與「鬼」的「千億目」、「千億手」，而慢慢成形。從卓吾到劉宗周，晚明王學中人的罪惡感愈益增強。隨著自我成了「被告」，自我的「原告」角色也跟著凝結、浮現出來；外在的「十目所視，十手所指」，在自我之中漸漸「內化」，就結胎而成了這個「原告」。卓吾只是這整個發展過程中的一環而已。

　　Thomas A. Metzger（墨子刻）曾指出：在儒門中人修身的過程裏，仰賴於一種「被看作是外在於當下自我(immediate ego)的力量」。這種力量，「在心理上並沒有被投射為在社會中的優位者」，而是「被投射為一個超越的根源(a transcendent source)」；而且，這個「超越的根源」已經「內化於自我之中(internalized in the self)」了。❷

　　與晚明思想史中出現的各色各樣的省過、悔罪法相較，卓吾的特殊之處在於：由於他是佛門中人，所以在他的省過法中，有「諸佛」這個「外在於當下自我的力量」來代表「超越的根源」，在自我之中被「內化」而變成鑒臨者。其他的儒門中人，如劉宗周，則「祇祇栗栗，如對上帝」，以「鑒臨有赫」的「上帝」作為這個省過時的鑒臨者。❸

　　對於晚明的儒門中人而言，由於自己的「良知」在省過方面不足為憑，所以才發展出了「省過會」，依靠朋友的攻錯來省過。❹

---

❷　見 Thomas A. Metzger, *Escape from Predicament——Neo-Confucianism and China's Evolving Political Culture* (New York: Columbia University Press, 1977), p. 15。

❸　見王汎森：〈明末清初的人譜與省過會〉頁701的討論。

❹　參看王汎森：〈明末清初的人譜與省過會〉，及 Pei-Yi Wu（吳百益），"Self-examination and Confession of Sins in Traditional China"。

而卓吾的「諸佛」與劉宗周的「上帝」，則是在省過方式上的一項重要發展。當「良知」可能自欺欺人時，當省過會中的友朋在省過一事上也未必可靠、或不足作為省過的充份保證時，就只有更進一步，藉助於「諸佛」或「上帝」了。

如果我們取此事與西方的情形相對照，就可以看出：這樣的發展，所具有的重要意義。

在西方宗教改革以後，甚麼是「純粹的真理」，乃至於「誰才是真正的基督徒」這類問題，漸漸被判定為：人本身沒有這樣的能力去下公正的判決；只有神才能正確無誤地判斷與裁決。如此一來，個人內心的信仰，漸漸變成唯有神能裁斷，從而也只是神與個人之間的事，他人無能、亦無權置喙。神壟斷了對於個人良心事務的裁判權。❾❺這樣的想法，或者這樣的想法的世俗化❾❻，再加上其他一些在此處無法討論的原因，❾❼結果就是：他人，乃至於國家，最後

---

❾❺ 見 Ernst Troeltsch, *The Social Teaching of the Christian Churches*，由戴盛虞、趙振嵩合譯：《基督教社會思想史》（香港：基督教文藝出版社，1988），頁447。及 Jonanthan Edwards, *The Experience That Counts*，由神學翻譯團契翻譯：《宗教情操真偽辨》（臺北：基督教改革宗翻譯社，1994），頁60–62。

❾❻ 比如說，在 John Stuart Mill 看來，因為人所具有的種種弱點，致使人往往無從正確無誤地辨識真理。這一方面使 Mill 主張思想與討論的自由，以便通過開放的思想與討論，而知道孰是孰非；一方面也促使他堅持個人的良心領域，獨立於所有人為的判斷之外。見 John Stuart Mill, *On Liberty* (New York: Penguin Books, 1987)，請參考書中關於思想與討論自由的部份（第二章），以及關於個人的部份（第四章）。當然，Mill 本人對於宗教改革中 John Calvin 的某些說法是頗不以為然的（參見 p. 126）。

❾❼ 試圖用人的想法來解釋人的行為，正如試圖倒過來從人的行為來理解

退出了個人良心的事務；良心終於變成了專屬個人，他人無法介入
的世界了。

　　然而，相形之下，中國人卻始終相信：人，起碼是聖人，就擁
有足夠的能力，可以裁決他人。孟子說「存乎人者，莫良於眸子。
眸子不能掩其惡。胸中正，則眸子瞭焉；胸中不正，則眸子眊焉。
聽其言也，觀其眸子，人焉廋哉?」（見《孟子》〈離婁〉上，十五
章）而西方的清教徒 Jonanthan Edwards 卻歎息道:「一個基督徒可
以看透自己的心，但無法看透任何其他人的心。我們對別人所能有
的觀察，只是外在的表現。……真假基督教徒之間竟能如此相似！
只有神才能無誤地予以區別，假如我們妄想自己能區分，那就是傲
慢。」❾❽兩相比較，孟子對人能夠正確下裁判的能力，要樂觀得多了。
這樣的樂觀，促使晚明的儒門中人，儘管自覺良知會自欺欺人，所

───────────────

　　　人的思想一樣，總不容易周全。人的想法，常常不會是當事人從事某
　　　一行動的真正動機，而往往只是事後自圓其說的、合理化的說辭而已。
　　　宗教改革以後，良心自由之所以被承認，Mill 提出了他的經典的解釋。
　　　他指出：原本每一個教派都主張只有自己的信仰是正確無誤的，所以
　　　各教派彼此相仇，爭戰不已。但當各教派都不能大獲全勝時，為保留
　　　原本各自奪得的地盤，才不得各退一步，而主張良心自由，並否認
　　　任何個人有責任向他人交待自己的信仰（請參看 *On Liberty*, p. 66）。
　　　我當然同意 Mill 的看法。但我仍堅持，雖然「人本身沒有能力去下公
　　　正的判決；只有神才能正確無誤地判斷與裁決」這種想法，大約只是
　　　「良心自由」在宗教改革的地區大部得以成立後，自圓其說的、合理
　　　化的辯辭而已；但從我在下文中所引用的 Jonanthan Edwards 的話看
　　　來，我們卻可以說：這樣的辯辭，是非常典型的基督教式的辯辭。類
　　　似的想法，在中國似乎並不常見。

❾❽　Jonanthan Edwards, *The Experience That Counts*，中文版《宗教情操
　　　真偽辨》，頁60。

以無力省察自己，⑨倒情願相信他人有能力幫助自己來省察。「省過會」的出現，正說明了這一點。

如果再推得遠一點，中國人相信聖人或他人有能力來裁斷個人，終會促使聖人或他人的判斷，得以涉入在西方被劃歸於個人良心下的事務中。在中國，從個人內心這一方面看，個人儘管可以基於主體的自覺與自信，「自反而縮，雖千萬人，吾往矣」，從而毫不在乎他人的看法；但這並不妨礙聖人或他人，有足夠的眼力與裁斷力，可以從外在面評量某一個個人在內在良心方面的事務，並論斷其是非、真偽與善惡。在西方只能由上帝來判決的事務，在中國則可以由聖人或他人來裁斷。這在心理上形成了甚麼不同的影響，還有待進一步探究。但在西方只屬於個人與上帝之間的事務（也就是說：在個人良心的底層，有一個領域，只有神可以裁斷；其他任何人造的機構、組織與法律，都無法對於這個領域中的問題，去公正地下判決，所以也不應介入），　而在卓吾以前的中國，聖人或他人卻可以針對此一領域中的活動加以裁斷，人(不論是聖人還是他人)，而不是神，介入了對於個人良心活動的裁判權。⑩在中國，似乎並無理論上的依據，把良心上的事務保留在他人的裁決之外。⑩

----

⑨　見前引王汎森的文字。

⑩　墨子刻 (Thomas A. Metzger) 在〈從約翰彌爾民主理論看臺灣政治言論〉一文中，也有類似的觀察：「中國古代以後的政治思想不僅主張實現德治，也涉及其它很流行的一些預設。例如國君能客觀地評估國民是因為人有『知道』的能力，亦即擁有了解客觀道德標準的能力，而且因為人沒有原罪，他能夠超越所有的成見。」見《當代》，第24期（臺北：合志文化事業公司，1988年4月號），頁95。

⑩　當然，孟子就說過：「自反而縮，雖千萬人，吾往矣」。（《孟子》，〈公孫丑篇〉，上篇，第二章）。但這並不違反墨子刻(Thomas A. Metzger) 所

卓吾的「諸佛」與劉宗周的「上帝」，　因此可能是一個重要的發展。[102]卓吾在自省己過這一點上，與晚明諸子的不同處，在於他是從出「苦海」、　求解脫的角度來看待這個問題的。就此而言，卓吾儘管在自省己過上也不敢自信，但他的「諸佛」促使他不至於在省過的工作上太強調他人的作用。說得更明白一些，被他「內化」的「諸佛」，　從他自己、特別是從他人手中，接下了裁斷己過的大部份工作。說到底，個人的良心事務，就卓吾而言，變成了自己與「諸佛」、乃至冥冥之中那不斷登錄自己的善行惡行的永恆的帳本之間的事情了。[103]他人反而在最終極的意義上，不能涉入這個領域。劉宗周的「上帝」，大約亦可作如是觀。

當然，卓吾的「諸佛」或劉宗周的「上帝」，　是不能與西方基督教的上帝 (God) 混為一談的。中國「內在超越」式的「諸佛」或「上帝」，　與基督教的上帝相較，也許不夠強大，不足以壟斷作判決、下仲裁的大權。[104]筆者也充份意識到：作這種中、西文化的比

談到的「中國古代以後的政治思想」中「很流行的一些預設」——「人有『知道』的能力，亦即擁有了解客觀道德標準的能力，而且因為人沒有原罪，他能夠超越所有的成見」。「吾」可以根據自己的良心，去對抗「千萬人」；但無論是「吾」還是「千萬人」，依然具備有「超越所有的成見」的潛力，而可以對他人的良心事務下裁判。

[102] 此處作疑似之詞，是因為從我們關心的角度來看，這項發展事實上在後來似乎沒有產生任何後果；換言之，這是一個不育的胎兒。我們因此無從判定，這項發展是否真的具有我們在此處所設想的意義。

[103] 參考 Wolfgang Schluchter 著，顧忠華譯：《理性化與官僚化》，其中〈理性化的矛盾〉一文，頁16。

[104] 關於這一個問題，我參考了傅佩榮：《儒家哲學新論》（臺北：業強出版社，1993）頁298-317的討論。所謂「內在超越」，請參看本書第三章的討論。

較，不免冒著圓鑿方枘、扞格不入，甚至是以鹿例馬的危險。但我相信，如果謹慎將事，這樣的對照，或仍有談言偶中之處。

　　從以上卓吾這些文字的措詞看來，真予人通身是罪、無所逃於天地之間的感受。這自然是卓吾浸淫於佛教的符號系統中，以佛學中無微不至的自我體察方法來觀照自身，所必有的結果。在原始儒家及朱子學中，看不到這種深刻的自省所造成的緊張不安之感受，以及對於人本身容易陷溺於罪惡之中的強度的自覺。❶更值得注意的，是這一切罪與禍，以及滅罪消禍的責任，只有自己是唯一的承受者與負擔者，他人無能為力，幫不上忙。卓吾所謂：

　　　如水行舟，風浪便覆；如車行地，攲斜即敗。風浪誰作？覆沒自當。攲斜誰為？顛仆自受。❶

正指明了犯罪與招禍，都是自作自受、自食其果。能否消滅罪孽、脫離苦海，完全要看自己。因此，對於自身易於陷落於罪惡之中的自省，急轉直下，轉變為對自己作為「責任主體」──必須承負起解脫自己的責任──的覺悟。卓吾對自身易於入罪的弱點體會越深，其「責任主體」亦越形確立。❶反過來說，對自己作為「責任主體」

<hr />

❶　見荒木見悟：〈易經與楞嚴經〉一文。收入牧田諦亮著，索文林譯：《中國近世佛教史研究》（臺北：華世出版社，1985），頁366。荒木氏在此文中鉅眼覰透地指出，在佛教的符號系統中：「對此種敏銳的心之內省與其反映出來的魔性的追求，佛教遠較儒教擁有豐富的思想遺產」。「人對惡魔性之追求」，「由尊重定理的朱子學者看來，確是想把臉別過去不忍看的吧」。

❶　李贄：《焚書》，卷四，〈戒眾僧〉，頁165。

❶　「責任主體」，是荒木見悟鑄造的詞。見上引〈易經與楞嚴經〉一文，

所具有的自由意志體會越深，負罪感亦成正比例地更形深刻。❿此種解脫自己的責任，是無從卸責、無法假手於他人，必得由每個人自己獨自來面對的——這當然形成了個人內在的最深沉的孤寂感。

值得注意的是：儘管卓吾也自承「遊戲三昧，出入於花街柳市之間」，「與眾同塵」，❿從而往往遭人詆為「狂禪」，「狂誕悖戾」、「肆行不檢」、「倡狂放肆」；❿但在那「狂禪」的表象底下，卻存在有這謹小慎微、唯恐失墜的一面。❿而這一面，正源自於卓吾對於解脫、對於「彼岸」的追求。

於是，隨「自己是否已獲解脫」這樣的疑問而來的永恆的焦慮與緊張，促使卓吾在人間必須時刻「提防」自己「失足而殞」、「覆敗而奔」，促使他必得時時設法在此世證明自身已經得「道」，有資

頁366。

❿　Paul Ricoeur 對於自由意志與罪惡感之間的關聯有極精到的分析——儘管他是在基督教的符號系統中立論的，但在理解卓吾這一方面的感受時，仍有足資借鑑之處。請參看鄭聖沖：《呂格爾的象徵哲學》（臺中：光啟出版社，1984），頁116–118。

❿　李贄：《焚書》，增補一，〈答周二魯〉，頁259。

❿　見黃宗羲：《明儒學案》（臺北：河洛出版社，1974），下冊；卷三五，〈泰州學案四‧恭簡耿天臺先生定向〉；第7分冊，頁35。及顧炎武：《日知錄》（臺北：唯一書業中心，1975）；卷二十，〈李贄〉；頁540。又：「狂誕悖戾」、「肆行不檢」、「倡狂放肆」這些詆罵之辭，是萬曆三十年(1602)禮科給事中張問達疏劾卓吾的話，卓吾以此取禍而亡。關於卓吾「狂禪」的一面在他的思想中的位置，請見本書〈自然人〉一章的討論。

❿　過去研究卓吾的思想史家，如果不是把這一面完全忽略掉，起碼也沒有付予應有的重視。與他們強調卓吾思想中「解放」的那一面相較，他們往往在有意無意間，對卓吾思想中拘謹、嚴苛的這一面視而不見。

格解脫，以安撫自己深刻的惶恐不安與孤獨寂寞的心境。他雖然早已棄絕了人世間一切可能的解脫之道，但本身解脫的證據，在「夕死」之前，只有向人間叩求。卓吾在人間尋找人間沒有的佐證，在生前叩問死後才能揭曉的答案。

　　這樣的存在處境，促成了卓吾思想中個人主義的發展。關於這個問題，將留待下文的探討。

第三章　「道」與世界

第一節　「道」的超越性(transcendency)
與內在性(immanency) ❶

　　在上文中，曾交待過在卓吾思想中彼世（「彼岸」）與此世（「苦海」）之分裂與對立，並點出此一分裂與對立所形成的緊張性，已轉化為卓吾「學道」的動力。換言之，此世作為「苦海」，對卓吾苦苦相逼，才逼使他與此世劃清界限，而逃向「彼岸」尋求解脫之道。本節想證明：這樣的分裂與對立，在卓吾的思想中，只是暫時性的（一俟「學道」告成，這樣的分裂與對立自然消融，不復存在）、非根本的（分裂與對立不是本來固有，而是人受限於經驗自我[empirical self]的結果），因而不具有根本的、究竟的意義。❷正

---

❶　在中國的哲學思想傳統中，道之既「超越」、又「內在」的性質，始終是一貫不變的基調。關於此一特質，大約是由牟宗三氏首先偵出，並作了最好的闡發。見牟宗三：《中國哲學的特質》（臺北：學生書局，1978），頁20。本節討論卓吾思想中的這個層面，受惠於牟氏之說。

❷　此處的分析，是參考了錢新祖老師：〈中國的傳統思想與比較分析的

因為這個原故，卓吾才會、才能在逃歸「彼岸」之後，借「彼岸」資源之助，回頭在此世收復失土，使原先為「苦海」的此世，變成「彼岸」的領土與湯沐邑，而取消了先前存在於兩者間的分裂與對立，恢復其間固有的「連續性」❸。這種「彼岸」與「苦海」之間一來一往的過程，是卓吾之學的基本形式；大體而言，也形成卓吾思想形成的兩個階段。

牟宗三氏曾很恰當的說明中國哲學傳統中「天道」既「超越」又「內在」的兩個層面：

> 天道高高在上，有超越的意義。天道貫注於人身之時，又內在於人而為人的性，這時天道又是內在的。……天道既超越又內在，此時可謂兼具宗教與道德的意味，宗教重超越義，而道德重內在義。❹

「天道」「內在於人而為人的性」，是說「天道」在每一個人的天性中都存在著（就心性之學的「超越內在」義而言）。人的天性，表現在社會的倫常方面；所以也可以說：天道透過個人，「內在」於整個人間（就存有論上的[ontological]「超越內在」義而言）。反過

「措詞」[rhetoric]〉，（見《臺灣社會研究季刊》，第1卷，第1期「臺北：臺灣社會研究季刊社，1988年春季號」，頁189-208）一文，從而發展出來的。

❸ 這是借用杜維明氏所鑄詞：「存有的連續性」(the continuity of being)。轉引自張光直：〈連續與破裂：一個文明起源新說的草稿〉（見《九州學刊》，第1卷，第1期〔香港：中華文化促進中心，1986年9月〕），頁3。

❹ 見牟宗三：《中國哲學的特質》，頁20。

來看，「天道」不離人間，故絕不能離人間而言「天道」。卓吾之學，在棄絕作為「苦海」的此世，而尋求「彼岸」的解脫之道時，其「超越」義較顯，亦較近於宗教；在挾「彼岸」之資以回歸此世時，則「內在」義轉為突出，對人世的關注亦較彰著。在上文的討論中，論及卓吾由「苦海」逃往「彼岸」， 並以「彼岸」為支點而拒斥作為「苦海」的此世；故在論證上偏重「超越」義的「彼岸」與此世之間的分裂與對立。這或不免使人誤以為卓吾思想可以與同具類似的「彼世」(the beyond)觀念的西方基督教相提並論。本節則將究明卓吾之學由「彼岸」返歸此世的過程，而以「彼岸」所「超越」又「內在」於此世的特質為焦點。卓吾之學儘管是以主張出世的佛教符號系統為架構的，但他卻主張「彼岸」就在「苦海」之中，「出世」不外乎就是「經世」。❺就此而言，與其說卓吾的思想近於西方的基督教，倒不如說他與儒學系統更為接近。卓吾之學所具有的「中國哲學的特質」❻，極為明顯，不容我們錯認。

卓吾告人：若要擺脫生死輪迴而到「彼岸」， 則應求取「首楞嚴」──所謂「究竟堅固不壞」。他說：

> 首楞嚴者，唐言究竟堅固也。究竟堅固不壞，則無生無死，無了不了之人矣。❼

他不厭其煩地教人務必參透這個「學道」的大關鍵，「切須記取此

---

❺ 「經世之外，寧別有出世之方乎？出世之旨，豈復有外於經世之事乎？」見李贄：《焚書》，卷一，〈答耿中丞論淡〉，頁24。

❻ 這是牟宗三先生寫的一本書的書名。見❹。

❼ 李贄：《焚書》，卷四，〈解經題〉，頁134。

一著子」：「何物是堅固？何物當究竟？究竟堅固不壞是真實語，是虛謬語？是誑人語，是不誑人語？」「若誑人，是佛自誑也，安能誑人？」「千萬參取！」❽

他特別指出，所謂「首楞嚴」，絕不是頑空之物：

> 諸菩薩萬行悉從此中流出，無不可見，無不可象，非頑空無用之比也，是以謂之首楞嚴。❾

為瞭解「頑空」之意，我們有必要參看卓吾與一班女弟子及友人對佛學中「真空」問題的討論。從他的立場，可以看出他對彼世與此世、「彼岸」與「苦海」之間的關係之見解。他解釋《心經》中「色即是空，空即是色」兩句經文，說：

> 無色者眾色之母，眾色者無色之色；謂眾色即是無色則可，謂眾色之外別無無色豈可哉！❿

借用牟宗三論「天道」的說法：「無色」「高高在上，有超越的意義」。當「無色」貫注於「眾色」之時，又內在於「眾色」之中，這時「無色」「又是內在的」。「無色」對於「眾色」而言，「既超越又內在」。這就是為甚麼卓吾會指明「無色」衍生出了「眾色」，是「眾色」的本源；「眾色」包涵於「無色」之中，而隸屬於「無色」。把「無色」與「眾色」的關係充類至盡，則「真空」與「眾苦」的關係，「佛

---

❽ 李贄：《焚書》，卷四，〈書方伯雨冊葉〉，頁140。

❾ 李贄：《焚書》，卷四，〈解經題〉，頁134。

❿ 李贄：《焚書》，卷四，〈書決疑論前〉，頁135。

世界」與「娑婆世界」的關係，都可以一例看待：

> 由此觀之，真空者眾苦之母，眾苦者真空之苦；謂真空能生
> 眾苦則可，謂真空不能除滅眾苦又豈可哉！蓋既能生眾苦，
> 則必定能除滅眾苦無疑也。眾苦熾然生，而真空未嘗生；眾
> 苦卒然滅，而真空未嘗滅。是以謂之極樂法界，證入此者，
> 謂之自在菩薩耳。……
> 豈可即以娑婆世界為佛界，離此娑婆世界遂無佛界耶？故謂
> 娑婆世界即佛世界可也，謂佛世界不即此娑婆世界亦可
> 也。**⓫**

所謂「眾苦」，指的其實就是世間的萬有。它與「真空」的關係，相當於「娑婆世界」與「佛世界」的關係；也相當於「苦海」與「彼岸」的關係。「真空」（「佛世界」、「彼岸」）顯然是自本自根的、依自不依他的；是不生不滅、超越於生滅之外的。相形之下，「眾苦」（「娑婆世界」、「苦海」）則是無本無根的、依他的、有生有滅的；換言之，是在六道輪迴之內的。想要逃離「生」與「滅」的輪番折磨，而脫出六道輪迴，就必須證入無「生」無「滅」、超越「生」、「滅」的「真空」，而不能只在「眾苦」上計較忖度。

　　最值得注意的是：儘管在眾生的存在的感受上，「真空」與「眾苦」是對立的；但就存有論上的意義而言，「真空」與「眾苦」並不是涇渭分明、兩不相干的。「眾苦」存在於「真空」之內，而不在「真空」之外；「眾苦」由「真空」所生，亦可由「真空」所滅。如果我們硬要把「眾苦」排除於「真空」之外，「真空」就變成了

⓫　李贄：《焚書》，卷四，〈書決疑論前〉，頁135。

「頑空」。所以卓吾說:「棄有著空,則成頑空矣」。「頑空」就是「大虛空」,這個「大虛空」「不能生萬有」。既然「不能生萬有」,所以也不妨稱之為「斷滅空」。「斷滅空」與「頑空」是一而二、二而一的東西。名為「頑」,是因為它「頑然如一物然也」。這樣的「頑空」或「斷滅空」,如同萬物一般有「生」有「滅」,「與萬物同矣,安足貴乎!」❷

「頑空」與「真空」的分別在於:「頑空」不能生「眾苦」(其別名是「萬有」、「娑婆世界」、「苦海」);既不能生「眾苦」,自亦不能除滅「眾苦」。「頑空」因而只不過是「眾苦」中的一物而已。相反的,「真空」(其別名是「佛界」、「彼岸」)則包羅「眾苦」,可以生「眾苦」,更可以除滅「眾苦」。

卓吾也曾經藉用「山河大地」與「清淨本源」二詞以取譬,來申說「眾苦」與「真空」這兩者之間的關係。依他看來,「清淨本源」(也就是「真空」、「佛界」、「彼岸」)不可能離「山河大地」(也就是「眾苦」、「萬有」、「娑婆世界」、「苦海」)而獨存:「若無山河大地,不成清淨本源矣」;卓吾因此主張「謂山河大地即清淨本源可也」。如果硬要除去「山河大地」,則剩下來的所謂「清淨本源」,就變成「頑空無用之物」、「斷滅空不能生化之物」;這樣的東西,「非萬物之母矣,可值半文錢乎?」卓吾因而以為:「無時無處無不是山河大地之生者,豈可以山河大地為作障礙而欲去之也?」

卓吾還藉用「色」與「膠青」(一種顏色)來說明:「又謂之色裏膠青。蓋謂之曰膠青,則又是色,謂之曰色,則又是膠青。膠青與色合而為一,不可取也」。「清淨本源」與「山河大地」之間的關係也是如此:

---

❷ 李贄:《焚書》,卷四,〈觀音問·答明因〉,頁175。

是猶欲取清淨本源於山河大地之中，而清淨本源已合於山河
大地，不可得而取矣；欲捨山河大地於清淨本源之外，而山
河大地已合成清淨本源，又不可得而捨矣。故曰取不得、捨
不得，雖欲不放下不可得也。**⑬**

卓吾千言萬語，不過就是《心經》上的幾句話：「色不異空，空不
異色；色即是空，空即是色」。**⑭** 從這些文字裏，更能明白「眾苦」
（又名「山河大地」）與「真空」（又名「清淨本源」）之間存在著
難以分割的關係。我們如果完全不顧「眾苦」，而在此「眾苦」之
外別尋解脫之道，那麼，我們所求得的「真空」、所達到的「佛界」、
「彼岸」，就只是「頑空無用之物」、是「斷滅空不能生化之物」；不
足以消滅「眾苦」，亦不足以脫我們於「娑婆世界」與「苦海」。因
而是一文不值的。

　　卓吾所謂的「首楞嚴」——「究竟堅固不壞」，其實正是「真空」
的別名。若能參取、證入「真空」，就能使學道之人「無死無生，
無了不了」，而脫離六道輪迴的牽絆。

　　至此，我們已經可以看出：「真空」（「彼岸」）既「超越」於「眾
苦」（「苦海」）、又「內在」於「眾苦」的性質。粗略地說：僅就兼
具「超越」、「內在」兩義這一點而言，卓吾之學（其實也就是佛學
——卓吾的佛學），在「存有論」(ontology)上，基本上是與儒學相
一致的。但這樣的斷語，不免失之於過簡。（卓吾的）佛學與儒學
之間，儘管在「存有論」上，都具有「超越」與「內在」的性質，

---

⑬ 李贄：《焚書》，卷四，〈觀音問・答自信〉，頁171。

⑭ 芹庭居士編：《基本佛經集註》（臺北：新文豐出版公司，1978），《般
　　若波羅蜜多心經》，頁528。

但還是有些關鍵上的差異的。以下就針對這個問題，做進一步的分析。

在卓吾兼具「超越」、「內在」兩義的「存有論」體系中，卓吾由「苦海」(「眾苦」)證往「彼岸」(「真空」)的前一階段，已不能離「苦海」而尋「彼岸」；在從「彼岸」返歸「苦海」的後一階段，更必須就「苦海」而顯「彼岸」。並且，在一往一返的前後兩個階段之間，有必然的關聯：「往」是「返」的準備和起步，「返」是「往」的完成與歸結；「往」是尋「超越」義，「返」是求「內在」義。「往」而不「返」，在卓吾的思想中是難以想像的。

簡言之，卓吾首先對「苦海」的價值加以徹底的否定；再以從「彼岸」獲得的「道」，來重新肯定「苦海」(「山河大地即清淨本源」)。「道」的實現及自己的得以解脫，端視自己能否把此世重新納入「道」的秩序中。

在「超越」義的「彼岸」與「內在」義的「苦海」之間，顯然存在著強度的緊張(tension)。

這種強度的緊張，在卓吾一往一返、往往返返的學「道」歷程中，造成了兩層密切相關的困難：在他證往「超越」義的「彼岸」時，如果完全離「苦海」而尋「彼岸」，就是「棄有著空」，所求得的「彼岸」因而就只是「頑空無用之物」；如果反其道而行，只在「苦海」中尋「彼岸」，則「超越」義的「彼岸」就會完全淪陷在「內在」義的「苦海」中，永無出頭之日。卓吾在以「山河大地」與「清淨本源」取譬時所說的「取不得，捨不得，雖欲不放下不可得也」，正是就這一層困難而為言的。

另一方面，在卓吾挾「彼岸」之資，以回歸「苦海」時，上文所述及的同樣一個原因，也形成了另一層面的困難：卓吾既必須就

「苦海」而顯「彼岸」；又不得不刻刻提防，以免因時時在「苦海」中計較周旋，而使得「彼岸」又在「苦海」中沒頂。

總而言之，卓吾的兩層困難就是：既不能不顧「內在」義的「苦海」而獨尋「超越」義的「彼岸」，又不能讓「超越」義的「彼岸」汩沒於「內在」義的「苦海」之中。這兩層困難，顯然是由「內在」、「超越」兩義之間的緊張所造成的。

在卓吾的「存有論」系統中，最高的理想，就是出「苦海」而達「彼岸」，同時又能夠藉「彼岸」而化「苦海」；換言之，消弭以上所說的這兩層困難，打通「苦海」與「彼岸」間的斷隔，使「超越」義與「內在」義打成一片，徹上徹下，直接使得「彼岸」之體，能夠在「苦海」中彰顯其用。這個理想，與儒學的理想是可以相對應的。而在這一個過程中所遭遇到的緊張，亦與儒家的情形無異。

然而，我們如果由此而更進一步，比較卓吾之學與儒學的內涵，就能發現一個同樣彰明的事實：正由於卓吾的「超越」、「內在」兩義，是藉著「苦海」與「彼岸」這種形式表現出來的；所以，卓吾所感受到的「超越」、「內在」兩義之間的緊張，就遠遠超過了儒者所可能體會、所可能經驗到的緊張。

李澤厚曾指出：「以儒學為骨幹的中國文化的特徵或精神是『樂感文化』。『樂感文化』的關鍵在於它的『一個世界』（即此世間）的設定，即不談論、不構想超越此世間的形上世界（哲學）或天堂地獄（宗教）」。❺當然，這決不是說：儒學之中完全沒有對於「超越」的感受。只是此一「超越」的感受，相對於世界上其他各大文明，似乎比較微弱。

杜維明曾針對儒家「超越」、「內在」的思想形式在存有論上的

---

❺ 李澤厚：《論語今讀》（合肥：安徽文藝出版社，1998），頁28。

可能流弊，而發是言：「它（指儒家）超越的理想性、終極關切，和其他宗教相比可能比較薄弱」。「在信仰結構裏，缺乏一種對超越世界的神秘感」。 這樣的傾向，反映在文化深層結構上，就「可能比較現實」，「儒家既然接受了凡俗世界的一些基本社會結構，也就沒有必要把既有的權威完全摧毀……它強烈的現實感，導致了它的保守性」；「（儒家）在運作過程中，很可能庸俗化、膚淺化，變成現實世界裏唯利是圖者的一個理論上的藉口。還不是指政治化所帶來的危險，而是說一個儒者，為了他自己的生存等等功利原因，把所有的理想都作了妥協，而儒家給了他一套自圓其說的理論藉口，使他更沒有積極性，更沒有創發性。可以說這是儒家傳統和現實世界結了不解之緣後難以逃脫的缺陷」。❶也就是說：儒家可能比較容易衍生易於與此世妥協的流弊。

杜氏此說，自然應只限於對儒家「人病」——而非「法病」的描寫。但我們仍然可以確定：儒門中人之所以易於感染這些「人病」，其可能原因之一，應是「超越」義相對於「內在」義，顯得不夠強大，兩者間的緊張因而不夠深刻、不夠激烈；致使「超越」義較易汩沒於「內在」義中。

在這裏必須再三強調的是：這乃是就儒家「超越內在」的體系下較易產生的流弊而為言的；所論的是「人病」，而非「法病」。

卓吾之學，在與儒家思想相對照時，其「超越」、「內在」間的緊張性，就顯得較為深刻、激烈了。因而也就比較不容易產生儒門中人所可能感染的、向著「內在」義滑落的「人病」。 此中原因，

---

❶ 杜維明：〈超越而內在——儒家精神方向的特色〉，收入杜維明：《儒學第三期發展的前景問題》（臺北：聯經出版公司，1989），頁180–181，頁200，頁210。

正如上文所述，是由於卓吾思想中「苦海」與「彼岸」的形式，加劇了「超越」與「內在」兩義之間的緊張性。

首先，因為卓吾「學道」以達「彼岸」的動力，根本就來自於由沉溺「苦海」而不能出，所醞釀出來的恐懼與焦慮。這一方面增加了卓吾在「苦海」中辨識「彼岸」的困難；但在另一方面，卻也使得他處處小心，刻刻提防，以免「超越」義的「彼岸」滑落、汩沒於「內在」義的「苦海」中。

其次，在儒門之中，固然也有所謂「小心翼翼」或「戒慎恐懼」等等緊張的感受；❼但一般而言，儒者的解脫，是在此世中可以求得的，如「立德」、「立言」、「立功」所謂三不朽者是。儒者可以在應事接物中，求得心之所安；而這也就表明了自己已能將「超越」、「內在」兩義溶成一片，徹上徹下，即用顯體、體用雙彰。相形之下，卓吾可以證明自身已得解脫、出離六道輪迴，而達到了不離「苦海」的「彼岸」（「超越」、「內在」已打成一片的「彼岸」）之證據，卻完全不在人世中。除了他的自信外，人世中的一切，都無法證實自身已經往生「彼岸」，有資格擺脫生死輪迴；而「自信」實在不成其為確證。只有死後，他才解得開自己是否已經掙開了六道輪迴的迷團（關於此一心態的說明，見本書第二章「不歇的緊張、焦慮感」一節）。

這種至死方休的焦慮，自然更使得卓吾之學中「內在」、「超越」兩義間的緊張性，昇高到了儒家難以望其項背的程度。再加上前文所述卓吾對於往生「彼岸」的嚮往，與對於沉溺「苦海」的畏懼，結果就是：與其說卓吾易於向「內在」義的「苦海」滑落，倒不如

❼　見朱熹集注：《詩經集註》（臺南：北一出版社，1973），卷六，〈大雅·大明〉，頁139。及朱熹集注：《四書集注》，〈中庸〉，第一章，頁1b。

說他傾向於使「超越」義的「彼岸」孤懸起來，而遺棄了「內在」義的「苦海」（這當然也是就「人病」而說）。 卓吾的論敵耿定向(1524–1596)曾經批評卓吾有「遺棄之病」，⑱ 正是針對這一點而為言的。

　　結合以上的論證，我們可以說：卓吾思想的基礎架構，基本上與儒家相同，兼具「內在」義與「超越」義；所以在卓吾之學中，「苦海」與「彼岸」間的斷隔，終將貫通，而成就「苦海」即「彼岸」的理想境界（也就是「色即是空，空即是色」）。然而，在他的思想中，「超越」、「內在」兩義間具有遠較儒學為強的高度緊張性，這雖然使得他在可能的「人病」上，較不易如儒學一般，產生向著「內在」義滑落的流弊；然而卻不免誘使他趨向另一個極端：在高舉「超越」義的「彼岸」時，流失了「內在」義的「苦海」。

　　我們也萬不可忘記：卓吾的思想之所以具有那麼強大的破壞力，正由於他並未完全棄絕此世，反而要把此「道」貫注於此世中。他的既「超越」又「內在」的思想架構，使得他無法只作但求了卻自己生死輪迴的自了漢，而必須究心於此「道」與此世萬事萬物的種種關係；使得他無法退隱於山林，反而必須在此世實踐「道」。在卓吾看來，只有把人世的一切作為，都看作是「道」體的一枝一葉，人間才有其應具的意義。這種以入世手段行出世事業的學問，在一般佛徒眼中，是頗不以為然的。雲棲袾宏 (1535–1614) 曾經責備卓吾道：

　　　　卓吾……不處山林而遊朝市，不潛心內典而著述外書。即正
　　　　首丘，吾必以為倖而免也。⑲

------

⑱　李贄：《焚書》，卷四，〈耿楚倥先生傳〉，頁143。

正透露了這般態度。

就因為卓吾之「道」兼具「超越」、「內在」兩義，即入世即出世，卓吾思想才具備如此鉅大的、影響現實世界之力量。這正是卓吾之學可以「掀翻天地」的秘密所在。❷⓪

第二節　「父母未生前」

卓吾曾經告訴友人學「道」的霸柄所在：

> 幸翁只有「父母未生前」一語為急，待有下落，我來與翁印證。❷①

可見「父母未生前」一語，實是卓吾之學中的一大關鍵。我們有必要略加探討。

在上文中已交待過，卓吾堅信輪迴之說。此說的直接歸結，就是視此一在生死輪迴中假合出現的身、心為虛妄，進而至於視依附此身、此心而得以存在的種種外物為虛妄。所以卓吾屢屢說到：「四大無依假此身」；「世間萬事皆假，人身皮袋亦假也」；「此身非究竟不壞也，敗則歸土矣。此心非究竟不壞也，散則如風矣」。❷② 他又用

❶⑨　雲棲袾宏：《蓮池大師全集》（臺北：中華佛教文化館，1983），第4冊，〈竹窗三筆・李卓吾二〉，頁25b–26a。

❷⓪　黃宗羲：《明儒學案》，上冊；卷三二，〈泰州學案・序〉；第6分冊，頁62。

❷①　李贄：《續焚書》，卷一，〈復陶石簣〉，頁9。

「分段之身」❷一名來稱呼此一「壽命有分限、形體有段別」❷的身體。用「後有之身」❷來指稱「後世之心身」❷。都透露了他的想法。

要能戳破「世間萬事」的虛妄，必須先覷透此身、此心的虛妄。而此一工作的最好著刀之處，就在於此身、此心的起源處——我們的生日。「父母未生前」，此身、此心一切無有；「父母已生後」❷，此身、此心一一樹立，而世間萬物亦有了可以依附的所在。在出生以前，我們與「道」合一；出生以後，種種假合之妄相各自顯現，我們也去「道」彌遠。因此，我們的生日，實在是一個分水嶺：真與假、一與多、道與非道，都在此處分流。❷

所謂「父母」是對子女而言的；就其本身來說，則是「夫婦」。卓吾既然視生日為各種妄相的起點；推而廣之，自然也就把五倫中「夫婦」的關係，看成是「物始」：

> 李溫陵曰：夫婦，人之始也。有夫婦然後有父子，有父子然後有兄弟，有兄弟然後有上下。夫婦正，然後萬事萬物無不

---

❷ 引文分別見於：《續焚書》，卷五，〈和韻〉，頁112；《續焚書》，卷一，〈與耿楚倥〉，頁18；《焚書》，卷四，〈書方伯雨冊葉〉，頁14。

❷ 李贄：《焚書》，卷二，〈寄京友書〉，頁70。

❷ 見丁福保、何子培主編：《實用佛學辭典》（臺北：新文豐出版公司，1977），上冊，「分段生死」條，頁439。

❷ 李贄：《焚書》，卷二，〈復李漸老書〉，頁82。

❷ 丁福保、何子培主編：《實用佛學辭典》，下冊，「後有」條，頁1036。

❷ 李贄：《焚書》，卷四，〈觀音問・答自信〉，頁171。

❷ 就此而言，「父母未生前」一語，相等於英文中"pre-karmic"（「在種種業緣以前的」）一詞。

出於正矣。夫婦之為物始也如此。

這一套看法也可以說明天地萬物的緣起，卓吾說：

> 極而言之，天地，一夫婦也，是故有天地然後有萬物。然則
> 天下萬物皆生於兩，不生於一明矣。……故吾究物始，而但
> 見夫婦之為造端也。㉙

這一套「夫婦論」，重點既不是如朱謙之所說的，是一種注重「橫
的關係」的「平等的社會觀」㉚——在中國的五倫關係中，「夫婦」
本不是平等的；也不是如陳榮捷所說的，是不承認有「太極」的一
種二元論。㉛而是由於卓吾心中先橫亙著萬事萬物自「父母已生後」
開始的見解，才形成了這一套看法。

　　生身父母，在卓吾看來，是此身、此心，乃至於世間萬事萬物
（或謂「妄相」）的起源。所以，儘管卓吾也承認「阿彌陀佛」也
只是「尋常孝慈之人」而已，承認「孝」是「至情」，「自然刺心，
自然動人，自然令人痛哭」；㉜但他卻覺得「劬勞雖謝父母恩，扶持
自出世中尊」。㉝他指出：一般人只識得生身父母，卻不知道在此之

㉙　李贄：《初潭集》，卷一，〈夫婦篇總論〉，頁1；又見《焚書》，卷三，
　　〈夫婦論〉，頁90–91。

㉚　朱謙之：《李贄——十六世紀中國反封建思想的先驅者》（武漢：湖北
　　人民出版社，1957），頁41。

㉛　見韋政通主編：《中國哲學辭典大全》（臺北：水牛出版公司，
　　1983），「太極」條（這一條由陳榮捷執筆），頁134。

㉜　李贄：《焚書》，卷四，〈讀若無母寄書〉，頁141。

㉝　李贄：《焚書》，卷四，〈觀音問・與澄然〉，頁169；又見《焚書》，卷

外，還有更要緊的「親生父母」：「無始以來認他人作父母，而不自知其非我親生父母也」；「今人但見父母生我身，不知日夜承世尊恩力，蓋千生萬劫以來，作忘恩背義之人久矣」。幸虧「佛世尊」的開導，我們才能夠識得「我本生至親父母」與「初生爺娘」，而不至於始終是一個「千萬劫相失爺娘」的「忘恩背義之人」：

> 今幸世尊開我愚頑，頓能發起一念無上菩提之心，欲求見初生爺娘本面，是為萬幸，當生大慚大愧乃可。故古人親證親聞者，對法師前高叫大哭，非漫然也。千萬劫相失爺娘，一旦得之，雖欲不慟哭，不可得矣。
>
> 一旦從佛世尊指示，認得我本生至親父母，豈不暢快！又豈不痛恨昔者之不見而自哀鳴與流涕也耶！❸❹

他認為「本生至親父母」與「假爺娘」不同，是「真爺娘」：「蓋此爺娘是真爺娘，非一向假爺娘可比也」。「真爺娘」與「假爺娘」的分別是：「假爺娘怕事，真爺娘不怕事：入火便入火，燒之不得；入水便入水，溺之不得」。所以「唯親爺娘為至尊無與對，唯親爺娘能入於生死，而不可以生死；唯親爺娘能生生而實無生，能死死而實無死」。換言之，「親爺娘」在「生死」之中，而超越了「生死」；「親爺娘」不離苦海，而又已達彼岸（「色即是空，空即是色」）。他因此勸告求「道」者：「有此好爺娘，可不早親識認之乎？」其實，識不識得「親爺娘」，本來無所增損於「親爺娘」：「認得時，爺娘

四，〈觀音問・答明因〉，頁173。

❸❹ 李贄：《焚書》，卷四，〈觀音問・與澄然〉，頁169–170；又見《焚書》，卷四，〈觀音問・答明因〉，頁173–174。

自在也；認不得時，爺娘亦自在也。唯此爺娘情性大好，不肯強人耳」。❸

只有反照「父母未生前」，超越此世的生身父母與「假爺娘」，跨過我們生日的邊界；這才能識得「真爺娘」與「我本生至親父母」，從而擺脫無盡的生死輪迴。由於「父母未生前」是萬事萬物尚未經分割、衍化的至福、至善的原始狀態，若能參入這「父母未生前」，自然也就能夠打破「父母已生後」的種種虛妄樣相，包括身、心，以及人為的各種分別。所以卓吾會說：

> 既說「父母未生前」，則我身尚無有；我身既無有，則我心亦無有；我心尚無有，如何又說有佛？苟有佛，即便有魔，即便有生有死矣，又安得謂之父母未生前乎？

不但「我身」、「我心」是假；即便是「佛」，亦只是我們妄作分別的結果。既有此一分別，則一切妄相由此而生，所以連「佛」也在斥退之列。推到極至，甚至所謂「真爺娘」，也仍然只是妄相：「則所謂真爺娘者，亦是假立名字耳，莫太認真也！」❸卓吾由此而更進一步，逼近那未經人工分割的、超越所有分別的「道」：「見得未生前，則佛道、外道、邪道、魔道總無有，何必怕落外道乎？」❸

反照「父母未生前」，因此具有兩層意義：一方面回歸「父母未生前」未經分割的「道」；另一方面則粉碎「父母已生後」的分別妄相。在卓吾眼中，摩訶迦葉傳法二祖阿難的故事，❸正足以說

---

❸ 李贄：《焚書》，卷四，〈觀音問・答明因〉，頁174。

❸ 李贄：《焚書》，卷四，〈觀音問・答明因〉，頁174。

❸ 李贄：《焚書》，卷四，〈觀音問・答自信〉，頁171。

明「父母未生前」境界之難得。阿難是「極聰明者」， 所以反而不容易割捨一切妄緣。一祖迦葉為使他能夠擺脫種種妄緣，就故意「力擯阿難，不與話語」； 因此而上行下效：「大眾每見阿難便即星散，視之如儺人然」。 這樣的景況，終於逼得阿難「慌忙無措，及至無可奈何之極」；終而能夠「捨卻從前悟解，不留半點見聞於藏識之中，一如父母未生阿難之前然」。到了這個地步，「迦葉方乃印可傳法為第二祖也」。卓吾的結論是：「設使阿難猶有一毫聰明可倚，尚貪著不肯放下，至極乾淨，迦葉亦必不傳之矣」。 ㊴

參透了「父母未生前」， 再把此一未經分割、衍化的「道」當作標準，用來解消「父母已生後」的一切妄相，一切「聰明」、「見聞」與「從前悟解」。如卓吾所言：「父母已生後，即父母未生前，無別有未生前消息也」。 ㊵於是「已生」、「未生」間的疆界完全打通。在「父母未生前」的標準之下，所有「父母已生後」的事物，都是片面的、偏頗的、不完整的妄相。卓吾的這一套理論，對於世俗禮法、對於朱子「定理」㊶的破壞力，是不言而喻的（儘管如此，

㊳ 這一則故事，參看道原：《景德傳燈錄》（臺北：彙文堂出版社，1987），卷一， 頁18。

㊴ 李贄：《焚書》，卷四，〈觀音問·答明因〉，頁174。

㊵ 李贄：《焚書》，卷四，〈觀音問·答自信〉，頁171。

㊶ 朱子的「定理」，其意義之分析，見荒木見悟著，楊白衣譯：〈易經與楞嚴經〉，收入牧田諦亮著，索文林譯：《中國近世佛教史研究》，附錄二， 頁363。

另外也可以參看 Araki Kengo（荒木見悟），"Confucianism and Budhism in Late Ming", in Wm. Theodore de Bary ed. *The Unfolding of Neo-Confucianism*, p. 42, p. 46。

以及溝口雄三：〈論明末清初時期在思想史上演變的意義〉，收入岡田武彥等著，辛冠潔編，滕穎、徐遠和等合譯：《日本學者論中國哲學

下一節還是作了一點分析)。反照了「父母未生前」、「父母已生後」一切的妄相、分別相、界限與分隔，全都被破壞無餘了。

卓吾形容此時的境界，說：

反照未生前，我心不動移；仰天一長嘯，茲事何太奇！從此一聲雷，平地任所施！ **㊷**

第三節　「道」的顛覆力

在上一節裏談到卓吾教人要「反照」「父母未生前」的「道」，再把「道」貫注於「父母已生後」的此世。根據「父母未生前」未經分割、衍化的「道」之標準，來衡量「父母已生後」的萬事萬物，則此世中的一切，都只能是片面的、偏頗的、不完整的。

這種看法造成了兩個結果：首先，「道」把所有世俗的禮法與是非判準、價值觀念全都解消殆盡，顛覆無餘了；其次，在「道」的對照下，「父母已生後」的此世之間，沒有任何一物算得上是終極價值的根源。「道」包容它們，它們分割「道」。從這一點出發，自然就達到了萬事萬物一樣不完全、一樣殘缺，也因而一律平等——就限定「道」與表現「道」而言，都具有相同的資格——的結論。本節即以此為主題。

卓吾所謂的「道」，與道家有極深的淵源。他受到莊子「齊物論」的影響，**㊸**以為「道」「本無封域」，「道」所以被分割為各個

史》(臺北：駱駝出版社，1987)，頁427-474；請參看頁438。

㊷ 李贄：《焚書》，卷六，〈哭耿子庸〉，頁230。

自成一塊的「封域」，是起於「是非」。他說：「道本無封域，因是
非而後有封域」。**㊹**

卓吾特別指出「是非」所具有的對偶的性質。他闡明《莊子》
〈齊物論〉中的寫法，是把「是非」與「橫直美醜恢詭憰怪成毀（按：
對偶的系列）相通為一」。**㊸**他還指出：不僅「是非」是對偶的，其
他「善」與「惡」、「男」與「女」等等，都是對偶的：「善與惡對，
猶陰與陽對，柔與剛對，男與女對。蓋有兩則有對」。**㊹**

這種對偶的性質，正是「道」被分割了的明證。卓吾引用呂惠
卿的話以說明之：

> 道無往而不存，未始有封也。……由其自無適有，於是有畛
> 域矣。夫唯有畛，故有左右。**㊺**

「左」、「右」正是對偶的一種。在對偶系列的任何一端，無論是
「善」端、「是」端，抑或「惡」端、「非」端，都不是完全的「道」。
各端所具有的名號，因而也就是虛假的。此所以卓吾會說：「既有
兩矣，其勢不得不立虛假之名以分別之。……所謂善與惡之名，率

㊸ 《莊子》〈齊物論〉一篇，在晚明思想界中影響似乎極大。卓吾的知
己焦竑亦深受茲篇影響。參看 Edward T. Ch'ien（錢新祖），*Chiao Hung
and the Restructuring of Neo-Confucianism in the Late Ming*, pp. 69–72。

㊹ 李贄：《莊子解》（收入嚴靈峰編輯：「無求備齋莊子集成續編」〔臺北：
藝文印書館〕，第十八冊；景印明萬曆四十三年[1615]刻本），卷上，
頁23a。

㊺ 李贄：《莊子解》，卷上，頁15b。

㊻ 李贄：《焚書》，卷一，〈又答京友〉，頁22。

㊼ 李贄：《莊子解》，卷上，頁24a。

若此矣」。 **❹**

　　一切對偶之名色都是虛假的，都不足以為「定論」。卓吾聲言：「世之所謂小大壽夭者，其果可據以為定論乎？自我言之，太山小而秋毫乃大，是未始有大小也；殤子壽而彭祖乃夭，是未始有壽夭也」。 **❹**

　　事實上，卓吾認為對於任何偶對之物的執著，都是「坐在生死窟中」，未能擺脫六道輪迴的明證。他解釋二祖〈信心銘〉 **❺** 中「二由一有，一亦莫守」的句子：「余謂本無一，又何守乎？一與二為對，既有一，即便有二，以至十百千萬而不可窮。生死相續，無有窮了，正是坐在生死窟中，而謂能了生死，吾不信也」。 **❺** 由於「一」與「二」也形成了偶對，由此出發，更會形成不可勝窮的生死輪迴，所以卓吾乾脆連「一」也否定掉了。他並主張：「執一便是害道」。 **❺** 凡此種種，都可以看出：卓吾對於偶對之物的疑慮，與他對沉溺於「苦海」之中、脫不去「六道輪迴」的恐懼，是糾纏在一起的。

　　然則，偶對系列中的「是非」，是由何而起的？卓吾以為「是非」起於「成心」：

　　　　未有成心，則未有是非。……夫是非之成於心也，謂之「成」，
　　　　人成其心，則各師其心。非特知者有是非，而愚者亦有是非

---

❹　李贄：《焚書》，卷一，〈又答京友〉，頁22–23。

❹　李贄：《莊子解》，卷上，頁21b。

❺　按：〈信心銘〉應是三祖僧璨，而不是二祖慧可的作品。見普濟著，
　　　蘇淵雷點校：《五燈會元》（北京：中華書局，1997），上冊，第一卷，
　　　頁49。這一條資料是由謝錦桂毓先生代我查到的，謹此致謝。

❺　李贄：《續焚書》，卷一，〈答友人〉，頁20。

❺　李贄：《藏書》，下冊，卷三二，〈德業儒臣・孟軻〉，頁520。

矣。奚待教之？ ❸

這等於是說任何一位執著於某一套固定的「是非」標準的人，無論
智愚，都只是師心自用，其「是非」觀不足以為的論。所謂「成心」，
就是一種「私愛」；信持一套固定的「是非」觀，就是張「私愛」
而虧「大道」。卓吾是以會說：「夫是非彰，則大道虧而私愛成」。❸

卓吾進一步解釋「成心」與「私愛」的來源：「夫物或此以為
毀，而彼以為成；我所謂成，而彼為之毀者。皆生於自見，而不見
彼也」。❸換言之，一物之聚散消長與成毀，此方或以為幸，彼方則
以為不幸；彼方或視為福，此方則視為禍。這都是站在各自的立場
上而為言的，這是「自見」——或如上文所言，是「私愛」與「成
心」——的產物。

卓吾顯然是同意以下這種說法的：「物無非彼，言物皆彼也。
蓋我以彼為彼，彼又以我為彼，則物皆可為彼矣」；同樣的，「物無
非是（按：「是」即「此」耳），言物皆是也。蓋我以我為是，彼亦
以彼為是，則物皆可為是矣」。❸所謂「彼」與「是」（此），端視
乎立場的不同。所有的「是非」，因此都是主觀的、相對的產物，
是以我為主，以彼為客，主、客對立後的結果。卓吾因此以為世間
決沒有絕對正確的是非。他藉用莊子「反覆相喻」的論證，以說明
「無是無非」的道理：無論是「彼」還是「我」，都自居為「是」，
又互相指責對方為「非」（「彼我同於自是，又同於相非」）；然而，

---

❸　李贄：《莊子解》，卷上，頁14b–15a。

❸　李贄：《莊子解》，卷上，頁19a。

❸　李贄：《莊子解》，卷上，頁17a。

❸　李贄：《莊子解》，卷上，頁17a–17b。

均於相非，則天下無是；同於自是，則天下無非。何也？是
若果是，則天下無復有非之者；非若果非，則天下無復有是
之者。

在兩套對立的是非觀之間，彼之「是」，為此之「非」所否定；彼
之「非」，又為此之「是」所肯定。反之亦然。如果「是」果為
「是」，應不致有任何「非」之者；如果「非」果為「非」，應不致
有任何「是」之者。如此一來，就得到了世間「是非無定，紛然殽
亂」的結論。❺⃝⁷

卓吾並運用《莊子》〈齊物論〉中的論證，以為我持一「是非」，
若（汝）亦持一「是非」，既然兩方各有立場，則「我」與「若」
都無權擔任兩造間之爭端的仲裁者。「我」與「若」既不能「相正」
彼此間的「是非」，則求諸於外人。外人或與「我」同，或與「我」
異；或與「若」同，或與「若」異。他們既然各有立場，當然也不
配來裁決「若」、「我」兩造間的「是非」。如果外人既異於「我」，
亦異於「若」，由於他們與「若」、「我」之間的「是非」渺不相關，
所以更是無從充任「我」、「若」兩造間的公斷。卓吾撮述此意如下：

夫是非之相勝，豈特我與若不能相正，雖使同乎我與若、異
乎我與若者，亦不能正我與若之是非也。然則我也、若也、
人也，皆不能相知也。❺⃝⁸

正是由於卓吾的觀點如此，他才敢於連孔子的「是非」也否定掉了，

---

❺⃝⁷　李贄：《莊子解》，卷上，頁16a–16b。
❺⃝⁸　李贄：《莊子解》，卷上，頁29b–30a。

同時還倒過來以他一己的「是非」為「是非」。 以下所徵引的一段
話語極為重要，值得全文照錄：

> 李氏曰：人之是非，初無定質；人之是非人也，亦無定論。
> 無定質則此是彼非，並育而不相害；無定論則是此非彼，亦
> 並行而不相悖矣。然則今日之是非，謂予李卓吾一人之是非，
> 可也。謂為千萬世大賢大人之公是非，亦可也。謂予顛倒千
> 萬世之是非，而復非是予之所非是焉，亦可也。則予之非是，
> 信乎其可矣。前三代，吾無論矣。後三代，漢唐宋是也。中
> 間千百餘年，而獨無是非者，豈其人無是非哉？咸以孔子之
> 是非為是非，故未嘗有是非耳。然則予之是非人也，又安能
> 已？夫是非之爭也，若歲時然，晝夜更迭不相一也。昨日是
> 而今日非矣，今日非而後日又是矣。雖使孔夫子復生於今，
> 又不知作如何非是也。而可遽以定本行罰賞哉？ ❺❾

對於卓吾而言，拘執於「一定之說」，硜守著「刊定死本」，還打算
「印行以通天下後世」，這就是所謂「執一」。而「執一便是害
道」。❻⓿

　卓吾之「道」，對於所有世間的價值標準，所具有的顛覆力量，
由此可想而知。世間的一切「是非」判準、價值觀念、世俗禮法，
全都是由「成心」與「私愛」所造成的東西。與「本無封域」的「道」

---

❺❾ 李贄：《藏書》，上冊，〈世紀列傳總目前論〉，頁7。又，此處的文字
　　有異文。參看饒宗頤：〈記李贄「李氏紀傳」〉，收入饒宗頤：《選堂集
　　林》（臺北：明文書局，1982），下冊，頁987–997。

❻⓿ 李贄：《藏書》，下冊，卷三二，〈德業儒臣·孟軻〉，頁520。

相對照，都是片面的、偏頗的、各持己見的、相對的。甚至連孔子的「是非」也不能例外。沒有任何一套「是非」觀可以自居為絕對的真理，從而據以為「定本」、「行賞罰」。每一套「是非」觀，都是把「未始有封」的「道」，切割出一部份，再據為己有的結果。就其各擁有一部份「道」看來，固然可以說是「千萬世大賢大人之公是非」；就其所據有的「道」之不完全觀之，則又不免僅為「一人之是非」。「道」因此把人間的各種「是非」一一顛覆無餘。此「道」的顛覆力量，不止可以行之於孔子，對卓吾本身而言，也是行之有效的。卓吾顯然也清楚自覺到這一點，所以他會自我限定其「是非」為「予李卓吾一人之是非」。也正由於人間所有的「是非」，如上文所言，相對於「道」，都是片面的、偏頗的、相對的，可以等量齊觀；所以卓吾敢於把自己「一人之是非」，與尊嚴若孔子之「是非」相提並論，並互作敵對。

那麼，在這是是非非、此亦一是非、彼亦一是非——如卓吾所謂「天地間一大是非耳」❻——的世界裏，我們當何以自處？卓吾藉用莊子的話，以為應該超越「是」與「非」間的偶對、對立關係——所謂「執樞以應之」；如此一來，則可以出入於「是非」之間，聽任「是」與「非」各「是」其「是」，也各「非」其「非」：「若知是非循環，莫得其偶，則能執樞以應之，而因非因是，自與之無窮矣」；「然則聖人於此安得不和以是非，而聽其兩行也哉？」在放任「是非」各「是」其「是」、各「非」其「非」以後，自然也就達到了和諧、均衡的「天均」：「聽其兩行，則能體乎天均」。「天均」，也就是莊子所謂的「天籟」。在這超越所有偶對、對立系列的「天籟」之中，我們可以出入於一切「是非」，無入而不自得，無往而

❻ 李贄：《莊子解》，卷上，頁9a。

非「道」。卓吾如此形容這樣的境界：「……芒然莫得其偶，而自然兩行以應於無窮也已」。 ❻❷

卓吾顯然贊同呂惠卿與王雱 (1044–1076) 的話語，因而加以引用：

> 道無不成，物無不然。則可不可，然不然，皆為至理。合乎至理，則物之縱橫美醜，皆為一矣。成毀者，物之妄見。冥於理，則無成與毀，道通為一也。
>
> 知道無不在，則何往而不存？知言莫非道，則何存而不可？ ❻❸

只要我們識得「天籟」，同時明白「道」超越於一切「是非」之上，我就可以冥合於「道」。於是，所有「是非」，不但不足以成為「道」之障礙，反而成為寄託「道」的所在。「是」「是」「非」「非」，無往而非「道」；「是」此「非」彼，無入而不自得。卓吾因此可以從此一「是非」跳躍至彼一「是非」，而不受限於任何一種「是非」。正因為如此，卓吾才可以一方面立下自己的「是非」； 一方面也自知

---

❻❷　李贄：《莊子解》，卷上，頁15b–16a。

❻❸　李贄：《莊子解》，卷上，頁17b、頁17a。

　　按：卓吾——或莊子這種超越偶對、對立系列，並視偶對是一體之兩面的看法，很容易令我們聯想到 Nietzsche 的做法：「如果一個人總是受限於自己的視域，那麼他起碼可以盡可能換用別種視域來看事情；在此一破解相反視域的過程中，可以知道這一套偶對系列的兩極，跡相反而實相成。」見 Gayatri Chakravorty Spivak為 Jacques Derrida 的 *Of Grammatology* 一書的英譯本所作的序。Jacques Derrida (translated by Gayatri Chakravorty Spivak), *Of Grammatology* (Baltimore and London: The John Hopkins University Press, 1982), p. xxviii.

總有一天，「李卓吾一人之是非」會被他種「是非」取而代之。「是非之爭也，若歲時然」。 在「是非」的季節遞嬗中，卓吾的「是非」，正是「天籟」之一。此「一人之是非」固然不足為「道」體之全貌，卻是「道」體之一部份。從這樣的角度看來，「一人之是非」固然不能執作定本，但也決不必不立下自己的「是非」──因為它畢竟仍是「道」的一部份，是「天」之一。卓吾因此立下他自己的「是非」後，退歸一旁，聆聽一切「是非」（包括他自己的）所形成的「天籟」。

事實上，只要能夠超越一切對立，也就可以出苦海、了生死了。這正是「學道」的目標。卓吾說：

> 畫既與夜異，夢既與覺異，生既與無生異，滅既與無滅異，則學道何為乎？如何不著忙也？ ❻❹

但能晝夜無別、夢覺不分、生與無生相等、滅及無滅無異；簡言之，就是一切對立都取消了，覺道以脫輪迴的目的才算達成。

卓吾甚至更進一步，他不但主張超越各種相對立的偶對系列，並且以為應該把「知」與「我」也取消掉。在上文中，曾經談到「自見」、「成心」、「私愛」，是這些東西擅自分割了「道」；從而各自持守著一套「是非」觀，各「是」其「是」，各「非」其「非」。而「私愛」、「成心」、「自見」的根源，就是「我」， 就是「我」之「知」。如果能夠達到「無知」、「喪我」的境界，則「是非之爭」， 也就自然止熄了：

---

❻❹　李贄：《續焚書》，卷一，〈答僧心如〉，頁47。

是非之爭，起於有知，而滅於無知者也。此南郭子綦（按：這是《莊子》〈齊物論〉中的人物）所以喪我也。我尚無矣，知從何生？是非一致，物論自齊。

「無知」的境界，正是「知之至」的境界，正是超越了一切「是非」的境界。所以卓吾說：「必知盡於無物，而後為知之至，而後能不入於是非之域也」。到了這樣的境界，也就無所謂「我」（「喪我」）了。卓吾因而主張聖人就是「無我者也」。這樣的「聖人」，已經與「道」冥合了。他「不論、不議、不辯」，因為「大道不辯」。他如同「道」一般，不被局限、不受分割、不可離析，他「出乎封域之表」。㊺

把「知」與「我」──「是非」的最後根據──也解消掉了，「道」因此而回復了其完整性。結果就是「群異各安所安，眾人不失其是」，「而萬物之用用矣」。㊻眾生各安所安，不失所是，再不會因偏私而不得其所。

卓吾在此處直接轉入了王陽明、王龍溪的「無善無惡」說。他說：

無善無惡，是謂至善。於此而知所止，則明明德之能事畢矣。蓋惟志於仁者，然後無惡之可名，此蓋自善惡未分之前言之耳。此時善且無有，何有於惡耶？

至善者無善無不善之謂也。惟無善無不善，乃為至善；惟無

㊺　李贄：《莊子解》，卷上，頁9b，頁18b–19a，頁20a，頁23a–23b。

㊻　李贄：《莊子解》，卷上，頁20a。

可無不可，始為當可耳。❻❼

甚至連「善」、「惡」之分，也是「執一」；而「執一便是害道」。只有「無善無惡」，才能跳出「封域」之外。卓吾「父母未生前」的「道」，把人世間所有的標準都摧破、粉碎了。卓吾因此而勇氣十足，敢於把天下的一切「是非」都視若無物。不但世人的稱美，卓吾可以全不介意；世人之見醜，卓吾也能毫不掛懷。他是舉世非之而不恤的：

> 夫所謂醜者，亦據世俗眼目言之耳。俗人以為醜則人共醜之，俗人以為美則人共美之。世俗非真能知醜美也，習見如是，習聞如是。聞見為主於內，而醜美遂定於外，堅於膠脂，密不可解。❻❽

卓吾在此，已經把陽明學中「無善無惡」的宗旨，發揮得淋漓盡致了。世俗所謂的「美醜」，全都只是「習見」、「習聞」。而卓吾要做的，正是超越這一切「習見」與「習聞」；以直通那無分畛域、不被分割的「道」。卓吾此「道」，其顛覆力之大，摧壞了一切規範。連孔子之道，也因而受到了質疑。事實上，這也正是卓吾自晚明以來，屢受攻擊的焦點所在。黃宗羲以為泰州學派「復非名教之所能羈絡」，❻❾正是指此一驚人的摧破力、顛覆力而為言的。

---

❻❼　引文依序見於：李贄：《續焚書》，卷一，〈答周若莊〉，頁2；《續焚書》，卷一，〈又答京友〉，頁23；《藏書》，下冊，卷三二，〈德業儒臣・孟軻〉，頁520。

❻❽　李贄：《焚書》，增補一，〈答周柳塘〉，頁261。

在「無善無惡」摧陷拓清之下，舉世的一切標準、價值，全都被破壞殆盡。在清出來的一片平野之上，卓吾才能夠樹立另一套創造的價值觀——一套必須不斷以個人的自然情性來創造規範、並破解規範的道德觀。這在以後的章節中會講到。

---

⑥⑨　黃宗羲：《明儒學案》，上冊；卷三二，〈泰州學案・序〉；第6分冊，頁62。

第四章　我與人

第一節　「存在主體」(existential subject) 之出現與五倫關係網絡的重估

本節將以卓吾之學中「存在主體」(existential subject)之出現為線索，探討卓吾如何重估五倫關係網絡。

一般而言，儒教的五倫以「父子」一倫為主軸，而發展出一套縱向的上下尊卑倫理；❶卓吾心目中五倫之主軸，則以「存在主體」之形式——「個體性」(individuality) 的出現為契機，向對等的「朋友」一倫滑落，所以他的道德觀較為偏重橫向的對等關係。關於卓吾倫理道德觀念的其他方面，將留待下一章再討論。這裏只以五倫之重估為焦點。

---

❶ 見丸山真男著，徐白、包滄瀾譯：《日本政治思想史研究》，頁3。丸山討論的雖然是日本的情形，但就儒教倫理是一種「利於尊屬，而不利於卑屬」（這是日本明治時代的學者西村茂樹對儒教倫理的評價。轉引自丸山書，頁4）的倫理，並在社會中形成了相應的秩序而言，他的描述對中國的情形來說，也是同樣適用的。

　　所謂「個體性」，　此處意謂一種看法：即認為人本身除了社會性、倫理性（即由自己與他人的關係而產生者）之面向以外，還有只屬於其本身，而與他人無關的需要與價值。從這一個觀點來看，一般義的儒家，由於把人看成是五倫關係網絡中的一個關係項，在五種關係中考慮人的地位,且認五倫是人人都無所逃的,所以把「我」看成是一個「道德主體」(moral subject)❷ ── 其責任是對五倫中自己的對立項，如子之於父、臣之於君等，盡當盡之義務。而這種因五倫關係而產生的道德義務,如丸山真男引西村茂樹的話所指出的，「利於尊屬，而不利於卑屬」❸。由於「道德主體」的生存意義來自於自己與他人的關係，而並不來自於僅屬於其本身、而與他人無關的部份；事實上，對於身處於五倫關係網絡中的「道德主體」而言，專屬於個人的「個體性」，　就並不具備結構上的意義。結果自然就是：「個體性」不免滅頂於五倫關係網絡中,「道德主體」越強，「個體性」之汩沒亦越甚。

　　在卓吾身上，我們看到他的「究極關懷」是：如何在己身所陷溺的苦海、所深陷的六道輪迴中求解脫。這套符號系統，把人看作必須獨自去面對（而不是與他人一起來面對；事實上，他人的助力在自己求解脫的事業上是無濟於事的）此一「存在處境」的個人。卓吾雖然同意「孝為百行之先」，　肯定五倫關係的重要（這在中國的傳統社會中，確也是合乎事實的描述）；❹但在他的符號系統中，實在是把人看作無論自覺與否，都必須面對其存在處境的「存在主

<hr>

❷　可參看牟宗三：《中國哲學的特質》，頁4，關於「道德的主體性」之討論。

❸　見丸山真男著，徐白、包滄瀾譯：《日本政治思想史研究》，頁4。

❹　典型的例子，見李贄：《焚書》，卷四，〈讀若無母寄書〉，頁140-141。

體」，而不考慮其社會地位、血緣關係等等。與儒教的「道德主體」相對照，則卓吾視「我」為一個「存在主體」。 對「存在主體」而言，五倫關係並不是主要的焦點。也正因為這個緣故，在卓吾之學中，透過「存在主體」所造成的重點的轉移（關懷的焦點從如何在五倫關係網絡中克盡厥責，轉移到個人如何在「苦海」中尋求解脫），使「個體性」被解放了出來。❺

---

❺　在西方，「個體性」的出現，是饒具歷史意義的。「現代意義的『個體性』意念之出現，與中古社會、經濟及宗教秩序之解紐，是相關聯的。在一般反封建主義的運動中，有一種新的重點之轉移：以為一個人本身的存在，遠重於他在一個森嚴的階層社會中所具有的地位與功能。在基督新教中，也有相關的著重點：著重一個人與神之間直接的、個別的關係——這與人、神之間以教會為中介的關係，是正相反的」引文見 Raymond Williams, *Keywords——A Vocabulary of Culture and Society* (NewYork: Oxford University Press, 1976)中的"individual"條，見 p. 135。也就是說，在歐洲從中古時代向現代的發展過程中，人的「個體性」， 而不是他與其他人或組織的關係，慢慢抬頭；個人逐漸擺脫了原本森嚴的封建階層秩序。我當然並不主張中國與西方的歷史經驗可以毫不檢擇地互相比附。事實上，就歷史脈絡而言，明末的社會、經濟、宗教，都與西方的中古封建時代大相逕庭。然而，就卓吾思想中把人看成「存在主體」， 而非五倫關係網絡中的一個關係項；就他以為除了相應於五倫關係網絡的道德內容外，人性中尚有其他與他人無關、僅關涉到他自己的內容而言，「個體性」實在已經在卓吾之學中浮現。而卓吾的「個體性」， 就他認為個人本身的存在處境，遠重於其在社會中的角色、地位、身份來說，確實與西方歷史中的「個體性」有相通之處。當然，這一個共同點也同時是一種分歧點(points of divergence)（這是錢新祖老師就異文化之間的關係所作的洞察。見錢新祖：〈中國的傳統思想與比較分析的「措詞」[rhetoric]〉；《臺灣社會研究季刊》，第1卷，第1期，頁208）。

　　以下想藉史料的爬梳，探討卓吾對「出家」的看法。從卓吾如何看待家庭倫常的實踐，與個人存在處境之關懷兩者之間的衝突，來測出卓吾的「存在主體」，如何不同於儒家的「道德主體」；「存在主體」之性質為何；並進而考察此一「存在主體」如何重估五倫關係。

　　在上文中曾交待過，對卓吾而言，個人在面對自身或將永淪於六道輪迴中的處境時，在深切體察到自己易陷於罪的脆弱性質（「舉足下足，罔非愆尤」❻），憬悟到自體的解脫與否是個人必須獨自承擔的責任，而游移於本身是否已得解脫的懸疑難局之際——總而言之，也就是卓吾在考慮自己的存在處境的時刻，他是極度孤絕、疏離的。這種孤單、寂寞的感受，沒有人可以分擔——甚至連最親密的血族，也愛其能助。事實上，家庭血族的恩情，在「學道」、「任道」的事業上，不但無濟於事，反而可能是個牽絆；這正是「學道」者往往必須出家，跳出整個人倫關係網絡，以便專心「學道」的原因。卓吾曾屢屢闡明此理。他鼓勵女弟子明因「願始終堅心此件大事」，「成佛是何事，作佛是何等人，而可以事間情量為之！」他並舉佛陀出家事為例：「釋迦佛出家時，淨飯王是其親爺，亦自不理，況他人哉?」❼「身為淨飯王之子，……內有耶輸女之賢為之妻，又有羅睺羅之聰明為之兒，一旦棄去，入窮山，忍飢凍，何為而自苦乃爾也? 為求出世之事也」。在卓吾看來，對「成佛」與「出世」的追求，不得不與倫常責任直接衝突。所以卓吾說：「出世則與世隔，故能成出世事；出家則與家絕，故乃稱真出家兒」。❽對於人間

---

❻　李贄：《焚書》，卷四，〈代常通病僧告文〉，頁152。

❼　李贄：《焚書》，卷二〈與明因〉，頁62。

❽　李贄：《焚書》，卷三，〈書黃安二上人手冊〉，頁131。

的恩情，必須「一刀兩斷」 ❾，方堪學道。在卓吾三教合一的思想
系統中，釋迦是「辭家出家」者，孔子則是「在家出家者」。 孔子
之子鯉「死也久矣」，「更不聞再買妾以復求子」； 孔子之妻「既卒
矣」，「更不聞其再娶誰女也，又更不聞其復有幾房妾媵也」； 孔子
對其父母：「居常不知叔梁紇葬處」，「葬其母於五父之衢」；孔子對
於功名：「夫子不仕也，最久者三月而已，不曰『接淅而行』，則曰
『明日遂行』」。卓吾因而評斷孔子：「室家之情，亦太微矣」，「功
名之念，亦太輕矣」，「掃墓之禮，亦太簡矣」。之所以如此，是「為
重道也」；「為道既重，則其他自不入念矣」。釋迦、孔子「出家」
如此，至於老子，也是「厭薄衰周，亦遂西遊化迦，老而後出家者
也」。❿血緣親情與學「道」事業──或者說倫常道德之實踐與個人
存在處境之關懷──兩者相形之下，卓吾何取何捨、孰重孰輕，是
很清楚的。卓吾為芝佛院眾僧訂下「若俗家父母兄弟，非辦齋不許
輕易入門相見」這樣的規約，就基於這樣的理由。⓫這當然是「出
家」的佛門中人的標準作法；但如果骨肉至親有助於卓吾的「學道」
與「成佛」，如果人間的情份不是如此這般地與卓吾對其存在處境的
關心正相反對，他也不至於要如此決絕地與人間「一刀兩斷，不貪
戀人世之樂」⓬，而走上出家之途。

　　事實上，卓吾甚至認為在塵世的生身父母以外，尚有我們一直
不識的「初生爺娘」、「親爺娘」（其實就是「道」的擬人化）；而人

❾　李贄：《焚書》，卷三，〈書黃安二上人手冊〉，頁132。

❿　引文散見：李贄：《焚書》，卷三，〈書黃安二上人手冊〉，頁132；《焚
　　書》，卷一，〈答耿司寇〉，頁38；《焚書》，卷一，〈復鄧石陽〉，頁13。

⓫　李贄：《焚書》，卷四，〈豫約〉，頁178。

⓬　李贄：《焚書》，卷三，〈書黃安二上人手冊〉，頁132。

世的生身父母卻算不得真父母，只有「道」才是真父母：「尊莫尊
於爺娘，而人卻認不得者，無始以來認他人作父母，而不自知其非
我親生父母也」；「今人但見得父母生我身」，卻對於「自己親生爺
娘認不得」。卓吾把生身父母稱為「假爺娘」，而「道」則是「真爺
娘」。「蓋此爺娘是真爺娘，非一向假爺娘可比也」。「假爺娘怕事，
真爺娘不怕事：入火便入火，燒之不得；入水便入水，溺之不得」。
「唯親爺娘為至尊無與對，唯親爺娘能入於生死，而不可以生死；
唯親爺娘能生生而實無生，能死死而實無死」。卓吾告人說：「夫自
己親生爺娘認不得，如何是好？如何過得日子？如何便放得下？自
不得不認得去也。天下豈有親生爺娘認不得，而肯丟手不去認乎？」
只有依靠佛世尊，我們才能識得此「親生爺娘」，所以卓吾說：「劬
勞雖謝父母（這是指此世的生身父母）恩，扶持自出世中尊」；「幸
世尊開我愚頑，頓能發起一念無上菩提之心，欲求見初生爺娘本面，
是為萬幸」；「一旦從佛世尊指示，認得我本生至親父母，豈不暢快！
又豈不痛恨昔者之不見而自哀鳴與流涕也耶？」卓吾並描述「得道」，
見得「初生爺娘本面」時的大喜大悲：「古人親證親聞者，對法師
前高叫大哭，非漫然也。千萬劫相失爺娘，一旦得之，雖欲不慟哭，
不可得矣」。❸ 只有「真爺娘」才能度人出「苦海」；而我們一向視
為父母的生身父母，只能算是「假爺娘」。 這對此世取向的儒家而
言，自然是大逆不道。卓吾此說，顯然只有在他的符號系統中，才
解釋得通：在生死輪迴中，此身既是假合而成，則所謂「生身父母」，
自然也可以看成是整個輪迴過程中生發假物的出口。因此卓吾才會
說：「君臣父子，皆是假合」❹。他顯然認為：一切來自血緣的、或

---

❸ 李贄：《焚書》，卷四，〈觀音問〉，頁169–170，頁173–174。

❹ 見耿定向：《耿天臺先生文集》（臺北：文海出版社，1970。據明萬曆

仿自血緣的社會關係，正如此身一般，全是虛假的。卓吾的這種想法，對社會倫理可能造成的破壞，是不問可知的。

　　然而，在飽受其存在處境對自己的煎熬的同時，卓吾並非感受不到親情千思萬縷的牽絆，以及自己對血族所應負的責任。他曾推崇鄧豁渠（《明儒學案》卷三二〈泰州學案〉中有鄧氏小傳），他根據鄧氏「出家」、「遠遊」、「棄功名妻子以求善友」，且「間關萬里，辛苦跋涉，以求必得。介如石，硬如鐵，三十年於茲矣」之類的行徑，而斷言鄧氏「終必得道」，「雖欲不聞道，不可得也」。❻但卓吾仍舊責備鄧氏之「輕於出家」。他指出：「一出家即棄父母矣」。父母「既老，便自有許多疾病」；「苟有子，則老來得力，病困時得力，奉侍湯藥時得力，五內分割、痛苦難忍時得力，臨終嗚咽、分付訣別、聲氣垂絕時得力」。他感歎道：「此時不得力，則與無了等矣！」❻從卓吾對子之於父所當盡職份的重重描畫，其體貼入微的程度，正透露了他對人間恩情難以割捨的心境。這在以下的事例中，也看得出來。卓吾曾稱許友人若無立志出家學道。但後來得閱若無的母親勸止的書信，不覺感極而泣。以下的一段話正透露了他閱信時的感受：「言出真情，自然刺心，自然動人，自然令人痛哭。想若無必然與我同也，未有聞母此言而不痛哭者也」；他並有這樣的反省：「念佛者必修行，孝則百行之先」，「阿彌陀……必定亦只是尋常孝慈之人而已」。❻這種對於人間情義的牽掛，大約正是卓吾拖

　　二十六年刊本），第一冊，卷三，〈與周柳塘〉，頁62b。耿氏雖為卓吾
　　論敵，惟此語按之以卓吾的思想，並無扞格不入之處，故仍可採信。

❻　李贄：《續焚書》，卷二，〈南詢錄敘〉，頁64。

❻　李贄：《焚書》，卷一，〈答鄧石陽〉，頁13。

❻　李贄：《焚書》，卷四，〈讀若無母寄書〉，頁141。

到六十二歲才剃髮出家的原因。他自解道：「雙親歸土，弟妹七人婚嫁各畢」；自己雖然無有子嗣，「惟留一女」，但「弟姪已滿目」。他自覺已經盡到長子的責任，才敢拋下一切，去探求「此一件人生大事」，「事善知識以求少得」。卓吾六十二歲時的出家，是處身於人倫的責任與解脫之願望的夾縫間，交戰多年的結果；「陷溺之久，老而始覺」。 ⑱

因為在倫常與「學道」之間進退兩難，卓吾——正如通常的佛教一般，逼出了一個在理論上理所當然的歸結。 ⑲他指出：儒教所重的「溫凊」（冬溫夏凊），或「勉強勤學，成就功名以致褒榮」，都只能算是「小孝」、「未足以報答吾母」、「未可以拔吾慈母於苦海」。只有「以此生成道」、「勤精進，成佛道」，才可以「報答母慈」、「成吾報母之業」，也才堪稱「大孝」。 ⑳在卓吾的符號系統內，傳統儒教的作法之所以只能算是「小孝」，原因是儒教的著重點只是此世，是親族內人倫相處相待之所應然。而他自己的立場之所以為「大孝」，則由於他關切的不只是父母在此世的利益，更進而關切自己與父母能否在彼世「了生死」、出「苦海」、至「彼岸」；他的著眼點是人的存在處境。

事實上，在「成佛道」以後，不但可以度脫與自己有血緣關係的「一家之人」，也兼能度與自己無血緣關係的「此世間人」。卓吾

---

⑱ 李贄：《焚書》，卷一，〈答鄧石陽〉，頁10。

⑲ 概言之，對一位佛教徒而言，這種說法有一大部份原因是為了在儒教與佛教間謀求妥協之道。請參看道端良秀著，釋慧嶽譯：《佛教與儒家倫理》（臺北：中華佛教文獻編撰社，1979），頁84。卓吾在這個問題上所感受到的心理上的衝突，典型、親切地說明了一般的佛教徒在面對這個難題時，心理上的緊張感。

⑳ 李贄：《焚書》，卷二，〈為黃安二上人三首〉，頁79。

說：

> 出世方能度世。夫此世間人，猶欲度之使成佛，況至親父母
> 妻兒哉！故釋迦成道而諸人同證妙樂，其視保守一家之人何
> 如耶？ ㉑

他也說過：「老人初心，蓋欲與一世之人同成佛道，同見佛國而
已」。㉒卓吾從對自身存在處境的體察出發，而關懷所有人類（無論
是「此世間人」或「至親父母妻兒」）的存在處境；既欲度己，且
發願度人。然而，此一工作的著手處，是自己先求解脫，然後才能
言及度人。自度是普渡的前題條件。自己的解脫，因此必定先於他
人，也重於他人（無分親、疏）。自己若自身難保，也就顧不得別
人了。這當然會使「我」凌駕於眾人之上；「我」與他人的關係，
「我」在社會中的地位、角色，都被看作是第二義的、後天的、人
為的東西。只有「我」的存在處境，具有超越一切的重要性，「我」
是一切的關鍵、一切的原點。

儒家作為「道德主體」的「我」，不可能在五倫關係網絡之外
實現自己、完成自己。它的意義全來自於五倫；沒有五倫，作為「道
德主體」的「我」，就一無意義。因此，「個體性」(Individuality)容
易在此一關係網絡中汩沒滅頂；「我」的「道德主體」性，越是鞏
固、越是堅定，「我」的「個體性」也就越容易被忽視。

卓吾的「存在主體」則把人當成個體——而不是五倫中的一個
關係項——來考察其存在處境；卓吾固然企望能度脫其他個體（包

㉑　李贄：《焚書》，卷三，〈書黃安二上人手冊〉，頁131–132。

㉒　李贄：《續焚書》，卷二，〈老人行敘〉，頁59–60。

括「至親父母妻兒」與「此世間人」） 以出苦海，但此舉卻必得以「我」之先獲解脫為前題。結果就是：在卓吾的符號系統裏，「個體性」永遠不滅。❷ 說得清楚些：「個體性」根本就是「存在主體」的外顯形式。在卓吾確立其「存在主體」時，也一舉擺脫了五倫關係網絡對「個體性」的羈絆。「個體性」的出現，自然使得卓吾的思路，較易產生類似西方個人主義傾向的發展。事實上，Wm. Theodore de Bary（狄百瑞）就以「大個人主義者」（"the Arch-Individualist"）一詞來稱呼卓吾。❷

每個「存在主體」除了必須各自面對相同的存在處境，也都在本性中秉持著相等的「道」（「超越內在」義在心性之學方面的展現），作為解脫事業的內在資源（當然，這樣的「道」，只是潛在的、尚未體現的「道」。它的實現，有待於人的進一步自覺與努力）。卓吾謂：「道不離人，人不離道」，「人即道也，道即人也」。❷ 他有時也用別種語彙──如「大圓鏡智」、「明德」、「生知」等，來闡述這個道理：「人人具有是大圓鏡智，所謂我之明德是也」。此「道」（或稱「大圓鏡智」、「明德」。由於「道」有尚未體現與已然體現的分別，

---

❷ 按，在佛教的符號系統中，當然也有「無我」（指「個體性」被解消掉的狀態）的說法。但卓吾的「無我」與一般佛教所持的「無我」觀很不一樣，他的「我」（「個體性」）始終未解消掉。請參見本書討論「自然之性」的相關部份。

❷ Wm. Theodore de Bary, "Individualism and Humanitarianism in Late Ming Thought", in Wm. Theodore de Bary ed., *Self and Society in Ming Thought* (New York and London:Columbia University Press, 1970), p. 188.

❷ 李贄：《明燈道古錄》（臺北：廣文書局，1983），卷下，七章，頁11a；及六章，頁9a。

此處所謂「大圓鏡智」或「明德」，指的只是尚未實現的「道」，或者說：只是追求「道」的潛在能力、或使人成佛的「佛性」罷了）之在人，是一視同仁、不分聖、愚，貴、賤，親、疏的，所以卓吾說：「上與天同，下與地同，中與千聖萬賢同，彼無加而我無損者也」。 ❷❻ 「道」不但流行於人身，甚至也貫注於動物：「天下無一人不生知，無一物不生知」，「雖牛馬驢駝等，當其深愁痛苦之時，無不可告以生知，語以佛乘也」。 ❷❼ 萬物皆有「佛性」，此說的當然歸結，就是眾生一律平等：「天地與我同根，誰是勝我者？萬物與我為一體，又誰是不如我者？」 ❷❽

　　每個「存在主體」都必須面對其存在處境，也都秉賦著相等的「道」。除此之外，其性別，社會地位，身份，功能，以及血緣關係，全是第二義的，毋庸納入考慮。以下擬略略說明這些問題。

　　在前面的引文中，我們已經看到：因「存在主體」的形式——「個體性」的浮現，破壞了家族的分限作用。卓吾以釋迦為例，以為與其「保守一家之人」，不如以本身的「成佛道」為基礎，而達成「與諸人（也就是包括「此世間人」與「至親父母妻兒」在內的一切眾生）同證妙樂」的理想。這正是此一發展之下的當有之義。在此處，「一家之人」與「此世間人」（家族以外的人）同列，人人被視為個體，一起被當作「諸人」而納入考慮；「一家之人」與「此世間人」的分別漸漸模糊，「家族」作為內外分野的意義也開始泯滅。站在這樣的立場上，當然不能與儒家「愛有等差」的看法同調；反而會對墨子「兼愛」之說表同情。孟子曾批評墨子「墨氏兼愛，

---

❷❻　李贄：《續焚書》，卷一，〈與馬歷山〉，頁3。

❷❼　李贄：《焚書》，卷一，〈答周西巖〉，頁1。

❷❽　李贄：《焚書》，卷四，〈念佛答問〉，頁137。

是無父也」,「是禽獸也」,「是邪說誣民,充塞仁義也」。 並告人應效法周公「兼夷狄,驅猛獸」的前例,而「距楊墨」。㉙卓吾就反駁道:

> 兼愛者,相愛之謂也。使人相愛,何說害仁? 若謂使人相愛者,乃是害仁,則必使人相賊者,乃不害仁乎? 我愛人父,則人皆愛我之父,何說無父? 若謂使人皆愛我父者,乃是無父;則必使人賊我父者,乃是有父乎? 是何異禽獸夷狄人也。

他對孟子這套說法的不滿,促使他幾至於不以君子待孟子,他疑心孟子:「豈其有私憾而故托公言以售其說邪?」他固然也同意孟子「非若人矣」,但仍責備孟氏是「不深考其所自而輕於立言」。㉚在這段文字中,卓吾雖然仍以家族為中心來思考「兼愛」, 以促成「人皆愛我之父」的目的,作為「我愛人父」的理由,來證成「兼愛」的必要;但光是標舉「兼愛」, 對於以家族關係來分別遠、近、親、疏——所謂「親親之殺」 ㉛ ——的儒家倫理而言,所造成的衝擊是可想而知的。卓吾甚且反操孟氏的筆鋒,指出不實行「兼愛」的,才是「禽獸夷狄人」。 卓吾之所以仍以家族為中心來考慮「兼愛」與等差之愛的問題,一方面固然是「以子之矛攻子之盾」的策略運用;但另一方面也說明了卓吾在確立了人的「存在主體」, 解除了

㉙ 楊伯峻譯注:《孟子譯注》,卷六,〈滕文公〉下,第九章,頁155。

㉚ 李贄:《墨子批選》(收入「中國子學名著集成」, 第80冊,中國子學名著集成編印基金會印行),卷一,〈兼愛〉上,頁30b~31a。

㉛ 鄭玄注:《禮記鄭注》(臺南:第一書店,1974),卷六,〈文王世子第八〉,頁21b。

血緣關係對「個體性」的牽制作用，把「個體性」從五倫關係網絡中解放出來以後，並不需要、也不打算將整個家族制度本身摧毀。此處必須再加申明的是：卓吾之所以贊同墨氏「兼愛」之說，實在是因為卓吾的「存在主體」把人看成了個體，而不是家族中之一員，而能與墨氏「兼愛」之說相契合的緣故。

「存在主體」甚至也摧毀了男尊女卑的傳統見解。卓吾認為女子與男子相同，有相類的存在處境，必得由其本人去面對；也與男子一般，在天性中秉賦有相等的「道」。 男女見識之有長短，是源自於社會環境規定了男外女內，「婦人不出閫域」，「男子則桑弧蓬矢以射四方」； 換言之，是在社會制約之下所造成的結果。但卓吾以為所謂見識之短長，不能僅以這一類在俗世間成就、也只能施用之於俗世間的應用知識為標準；而應以對自身存在處境的洞察為判準。短見「只見得百年之內，或近而子孫，又近而一身而已」； 遠見則「起於形骸之外，出乎死生之表，極於百千萬億劫不可算數譬喻之域」。依此為準，「設使女人其身而男子其見，樂聞正論而知俗語之不可聽，樂學出世而知浮世之不足戀」；「則恐當世男子視之，皆當羞愧流汗，不敢出聲矣」。❸❷就「存在主體」而言，男女之別，正如「親親之殺」一般，是次義性的。卓吾之所以收受女弟子如梅澹然等，正由於這一層道理。

男女之別的泯除，還有另一則原因：卓吾既相信輪迴，自然視此一在生死輪迴中假合而成的身體是虛相。❸❸如此一來，形體上男、

---

❸❷ 李贄：《焚書》，卷二，〈答以女人學道為見短書〉，頁59。

❸❸ 這種視肉身為虛相的看法，屢見於卓吾書中。如：「世間萬事皆假，人身皮袋亦假也。……假合而為人」；見李贄：《續焚書》，卷一，〈與耿楚倥〉，頁18。又如：「四大無依假此身，須從假處更聞真」；見《續

女的分別，自然也是假的。卓吾在一些回憶妻子黃宜人，以及書贈女弟子的詩句中，往往有以下這一類的句子：「何須變女身，然後稱開士?」「何自來君子，而猶現女身?」「可笑成男月上女，大驚小怪稱奇事。陡然不見舍利佛，男身復隱知誰是?」❸ 詩中「變」、「現」、「隱」諸字，都透露了卓吾此想。

卓吾越過了所有性別、社會地位、社會身份、血緣關係等等分別，僅就個人作為「存在主體」這一大關鍵，來考慮人的處境。就此而言，人人是平等的。於是，丸山真男所謂「以子對父的服從，置於一切人倫之基本，將君臣、夫婦、長幼（兄弟）這些特殊的人類關係，與父子類比，在上下尊卑的關係上結合起來」❸，這種擬親族的社會，在卓吾思想中也開始變質。原本以「父子」為原型的上下、垂直式的社會關係與倫常道德，漸漸向水平、對等式的「朋友」這一倫滑落，而有益趨平等之勢。

在明末思想界，「朋友」一倫逐漸受到重視，這說明了人際關係的平等觀念漸入人心。陳繼儒 (1558–1639) 曾點明「朋友」這一倫與其他四倫的不同之處。他說：「人之精神，屈於君臣、父子、夫婦、兄弟」，「屈者為鬼」；「而伸於朋友，如春行花內，風雷行元氣內」，「伸者為神」。「神」、「鬼」之分，關鍵就在於：君臣、父子、夫婦、兄弟這四倫，都是上下、垂直式的人際關係，只有朋友這一倫是水平、對等式的。上下、垂直式的人際關係是先天的，不由人

焚書》，卷五，〈和韻十首〉，頁112。

❸ 分別見：李贄：《續焚書》，卷五，〈憶黃宜人〉，頁108；《續焚書》，卷五，〈丘長孺訪余湖上兼有文玉〉，頁108；《焚書》，卷六，〈題繡佛精舍〉，頁229。

❸ 見丸山真男著，徐白、包滄瀾譯，《日本政治思想史研究》，頁3。

所自擇；且作為其中卑屬的一方，必須屈己從人。故不免令人有「屈者為鬼」之感。而水平、對等式的人際關係則是後天的，相結或相絕，全憑各人自擇；如果真能相知，則莫逆之交，可以情同魚水。所以陳氏覺得朋友這一倫是「伸者為神」。「屈者為鬼」的四倫，非賴「伸者為神」的朋友這一倫「不能彌縫」。㊱

流風所及，利瑪竇(1552-1610)也有《友論》這種應時之作(大約是為了在當時的士大夫之間傳教，為投合士大夫的口味而作的)。這本書開卷就說：「利瑪竇曰：吾友非他，即我之半，乃第二我也」。這其實是利氏襲取自亞里士多德 (Aristotle, 384B.C.-322B.C.)《宜高邁倫理學》(*Nicomachean Ethics*)一書中的話頭。㊲卓吾的知己焦竑(1541-1620)就曾經大為稱賞這句話：「西域利君言友者乃第二我也。其言甚奇，亦甚當」。㊳卓吾本人也極佩服《友論》的見解。㊴

卓吾正如陳繼儒一般，視「朋友」一倫與其他四倫對立。他推崇何心隱(1517-1579)：「人倫有五，公捨其四，而獨置身於師友賢聖之間」。㊵他自己也「生平不以妻子為家，而以朋友為家」。㊶他

㊱ 見陳繼儒為利瑪竇 (Fr. Matteo Ricci) 的《友論》一書所寫的序。見利氏的《友論》，收入「寶顏堂秘笈」，在嚴一萍選輯的「百部叢書集成」(臺北：藝文印書館)內。〈友論小敘〉，頁前1。

㊲ 利瑪竇：《友論》，頁3a。又見 Aristotle, *The Basic Works of Aristotle*, edited by Richard Mckeon (臺北：馬陵出版社，1975年翻版)，"Ethica Nicomachea", p. 1082。

㊳ 焦竑：《澹園集》(收入「金陵叢書」乙集)，卷四八，〈古城答問〉，頁9b。

㊴ Vincent Cronin 著，思果譯：《西泰子來華記》(*The Wise Man from the West*) (臺中：光啟出版社，1964)，頁130。

並自謂：「專以良友為生，故有之則樂，舍之則憂，甚者馳神於數千里之外。明知不可必得，而神思奔逸，不可得而制也」。**❷**之所以如此，與卓吾的「存在主體」仍有關聯。「存在主體」在面對自己的存在處境時所懷有的孤寂感，只有在與其他憬悟自身存在處境的「存在主體」相濡以沫，結為同「道」之友，才能稍得減輕。島田虔次就銳利地看到了這一點：「道的探究者，就是作為『友』的唯一資格」。**❸**卓吾強調「學道」時「腳根未穩當」，「離不得朋友」；「腳根既穩當」，「尤離不得朋友」。他又說：「獨學難成，唯友為益」。「吾輩求友之勝己者，欲以證道，所謂三上洞山，九到投子是也」。**❹**都足以說明卓吾交友的態度。

　　卓吾甚至認為「同志真實友」，「勝於同胞」；理由是「同胞者形」，而「同志者可與踐其形也」。**❺**同胞是由不得自己選擇的，其「同」不過是形骸之同；而同志之「同」則基於志同道合，所以遠較同胞為親。正因為「同志」勝過「同胞」，　所以即使朋友「半夜叩門」，「託孤寄命」，真「同志」亦「必不肯以親為解」（藉口雙親

---

❹ 李贄：《焚書》，卷三，〈何心隱論〉，頁90。蕭公權評論這句話：「移此語以論李氏（即卓吾），殆亦無以自解」。見蕭公權：《中國政治思想史》（臺北：聯經出版公司，1984），頁609。

❹ 廈門大學歷史系編：《李贄研究參考資料》第二輯（福建：福建人民出版社，1976），頁63。袁中道：〈代湖上疏〉。

❷ 李贄：《焚書》，卷一，〈答周友山〉，頁26。

❸ 島田虔次：〈王陽明與王龍溪——主觀唯心論的高潮〉，收入岡田武彥等著，辛冠潔編，滕穎、徐遠和等合譯：《日本學者論中國哲學史》，頁397。

❹ 李贄：《續焚書》，卷一，〈與吳得常〉，頁17；〈答潘王〉，頁42。
　　 李贄：《焚書》，卷一，〈與耿司寇告別〉，頁28–29。

❺ 李贄：《續焚書》，卷一，〈與吳得常〉，頁17。

在堂，以「父母在，不遠遊」為由來推託）而「相辜負」。**㊻**卓吾的言下之意是：「同志」之重，重於雙「親」。此外，朋友之間，更可以為愛對方之才而不惜肝腦塗地。卓吾以禽息薦百里奚，「當車以頭擊闌，腦乃精出」一事為例，點明禽息愛百里奚之才的心事；百里奚如果「不用於世」，禽息死後亦且「目不瞑」。卓吾因而引《周易》中的話頭讚美這一對「貞友」：「二人同心，其利斷金」。**㊼**

　　在卓吾心目中的理想友誼，是以一種火熱的激情凝結而成的。這與傳統儒者所知曉的友情大相逕庭。朱子曾說：「人之相知，貴相知心。而古之君子不盡人之歡，不竭人之忠，所以全交也」。**㊽**清代的紀曉嵐也說：「（利瑪竇）云二人為友，不應一貧一富。是止知有通財之義，而不知古禮惟小功同財，不概諸朋友。一相友而即同財，是使富者愛無等差，而貧者且以利合。又豈中庸之道乎？」**㊾**傳統儒家論友誼，是克制、冷靜、溫和的；友情永遠不會強過親情。卓吾的友情，則建築在「存在主體」之間相濡以沫、互出生死的「同志意識」（詳下節）上。如上文所言，「存在主體」而對著人人必須面對的存在處境時，骨肉同胞無所用其力，求「道」同志卻能盡其功。「同志」既然「勝於同胞」，「朋友」一倫，自然可以壓倒其他「君臣父子，皆是假合」的四倫，進而成為一切人倫關係的母型(archetype)了。

㊻　李贄：《焚書》，卷二，〈與友朋書〉，頁57。

㊼　李贄：《續焚書》，卷三，〈史魚禽息〉，頁92。又見李贄：《初潭集》（臺北：漢京文化公司，1982），卷十九，頁311–312。又見王弼、韓康伯注：《周易王韓注》（臺南：利大出版社，1974），卷七，〈易繫辭上〉，頁6a。

㊽　轉引自楊慧傑：《朱熹倫理學》（臺北：牧童出版社，1978），頁132。

㊾　利瑪竇著：《友論》，書末。

卓吾因此而終於改造了「求忠臣必於孝子之門」這種表現在俗諺中的人倫關係的母型，他提出了一套新的人倫的典範：

　　求忠臣者，尤必之貞友之門。❺⓪

君臣之間的關係，在原始儒家中，尚是相對性的。但到了帝國建立、皇帝制度成立以後，君臣關係就向著片面絕對化的方向發展了。在《朱子語類》中就記載著朱子如此這般的話頭：

　　問：君臣、父子同是人倫，愛君之心，終不如愛父，何也？
　　曰：離畔也，只是庶民。君子便不如此。……莊子云：「天下之大戒二，命也，義也。子之於父無適而非命也，臣之於君無適而非義也，無所逃於天地之間」。舊嘗題跋一文字曾引此語，以為莊子此說，乃楊氏無君之說。似他這意思，便是沒奈何了，方恁地有義。卻不知此是自然有底道理。❺①

與卓吾同時代而較晚的楊漣 (1572–1625)，在鎮撫司受盡苦刑之際，仍然自勉：「雷霆霜雪，無非天恩，何不可安受？」❺②在這般趨勢下，卓吾利用「求忠臣必於貞友之門」的命題，使君臣關係回復了原本

---

❺⓪　李贄：《續焚書》，卷三，〈史魚禽息〉，頁92。另見李贄：《初潭集》，卷十九，頁312。

❺①　朱熹：《朱子語類》（臺北：漢京文化公司，1980），上冊，卷十三，頁10a。

❺②　吳應箕等著：《東林始末》（臺北：廣文書局，1977），〈楊太洪先生獄中書〉，頁81。

的相對性。他重新標舉孟子的見解：

> 視之如草芥，則報之如寇讎，不可責之謂不義；視之如手足，
> 則報之如腹心，亦不可稱之謂好義。

正出於此，所以「豫讓決死於襄子，而兩失節於范氏與中行」；卓吾指出，原因在於：「相知與不相知，其心固以異也。故曰：『士為知己者死』」。[53]「君臣以義交也。士為知己者死，彼無道之主，曷嘗以國士遇我也」。[54]臣之於君，端視君之於臣。卓吾眼中君臣雙方的關係，開始平等化了。

卓吾與朱了或楊漣的差別，關鍵正在於卓吾把人看作是「存在主體」，而朱、楊則把人看作是「道德主體」。

第二節　同志意識[55]與傳道精神

在上節中曾論及卓吾的「存在主體」對於親族血緣藩籬（所謂「親親之殺」）的摧壞作用：對於人的存在處境之關懷，超越了血族的限隔，而及於全人類；於是在血族之愛以外，產生了以所有世人為對象的「同胞愛」(brotherhood)——一種對彼此皆陷溺於「苦

[53] 李贄：《續焚書》，卷二，〈序篤義〉，頁64。又見李贄：《初潭集》，卷十九，頁331。

[54] 李贄：《初潭集》，卷二四，頁429。

[55] 「同志意識」一詞，為島田虔次氏所鑄。見氏著：〈王陽明與王龍溪——主觀唯心論的高潮〉，收入岡田武彥等著，辛冠潔編，滕穎、徐遠和等合譯：《日本學者論中國哲學史》，頁388–404。請參見頁398。本節以島田氏的成就為基礎，作進一步的分析。

海」而不能出的悲憫、感同身受的情誼。

除了這種普遍的、廣泛的「同胞愛」之外，凡能覺察到一己的存在處境，並有心「學道」以了生死者，在他們之間又形成了範圍較小的「同志意識」。「同胞愛」以世人為範圍，「同志意識」則以同志於「道」者為範圍。在「同志意識」之中，自始至終都貫穿著「同胞愛」；「同志意識」可以說是基於「同胞愛」，進一步發展而成的「小圈子」意識。兩者不但不衝突，精神上反而是一貫的：無論是「同胞愛」還是「同志意識」，都超越了血族之間的親情；都以人的「存在處境」為出發點，而把人當作「存在主體」。「同胞愛」與「同志意識」，兩者又同具共同的心理根源：它們都源於「我」對於自身存在處境的洞察，由這種感受出發，從而對他人的存在處境感同身受，而生悲憫之念。它們的差別，僅在於範圍的大小，以及「同志意識」的感情密度，遠較「同胞愛」為大而已。

「同胞愛」普及於全人類。在卓吾的許多文字中，都能看到他對普世之人所懷有的這種感情。卓吾在七十二歲時作〈老人行敘〉，自謂「夫老人之本心」，「老人初心」：「不是欲人成佛，便是欲人念佛耳」；「蓋欲與一世之人同成佛道，同見佛國而已」。❺❻在他七十五歲時，公安三袁中的袁中道（字小修，1570–1623）勸他吃素。卓吾引孟子「七十非肉不飽」❺❼的話頭為自己食葷辯護。袁中道則說明他的理由：「我願先生不茹素，以興起此一時聰明有志向之者」。「忍一時之口嘴，而可以渡一世之人，先生又何憚不為?」卓吾聽了袁氏的勸，「翻然喜曰」：

---

❺❻ 李贄：《續焚書》，卷二，〈老人行敘〉，頁59–60。

❺❼ 楊伯峻譯注：《孟子譯注》，卷十三，〈盡心〉上，第二十二章，頁310。

若說他等皆真實向道，我願斷一指，誓不吃葷。❺❽

從這些話語與軼事，都可以看出卓吾胸懷中所蘊蓄的「同胞愛」
──一種對所有眾生的存在處境與解脫所懷抱著的關切。

由於這樣的「同胞愛」，使卓吾覺得：修「道」者負有救度世
人脫離「苦海」的責任。他以「救焚拯溺」來評價羅近溪，稱羅近
溪「自度」兼且「度人」；指王龍溪「唯以世人之聾瞽為念」，❺❾都
顯示了他的這種責任感。

由於此「道」所以「自度」，兼且「度人」；修「道」者因而自
覺對於此「道」負有重責大任。由這種責任感催生，而由同志於「道」
者形成了一種因「同志意識」而結成的小圈子──「同志團體」。這
些「同志」們的來源，就是五倫中的朋友（如島田虔次所言：「道
的探究者，就是作為『友』的唯一資格」。❻❶這也正是卓吾所以重友
的理由）；這樣的「同志團體」，就是「講會」或「會所」。

在晚明思想界，「同志意識」，並不局限於所謂「左派王學」，似
乎已是相當普遍的現象。❻❶因「同志意識」而衍生的「同志團體」，

---

❺❽　李贄：《續焚書》，卷二，〈書小修手卷後〉，頁68。

❺❾　引文見諸以下幾篇文字：李贄：《續焚書》，卷一，〈與焦弱侯太史〉，
　　　頁16；李贄：《焚書》，卷三，〈羅近溪先生告文〉，頁125；《焚書》，卷
　　　三，〈王龍溪先生告文〉，頁121。

❻❶　島田虔次：〈王陽明與王龍溪──主觀唯心論的高潮〉，收入岡田武彥
　　　等著，辛冠潔編，滕穎、徐遠和等合譯：《日本學者論中國哲學史》，
　　　見頁397。

❻❶　見島田虔次：〈王陽明與王龍溪──主觀唯心論的高潮〉，收入岡田武
　　　彥等著，辛冠潔編，滕穎、徐遠和等合譯：《日本學者論中國哲學史》，
　　　頁388-404。

亦所在多有。晚明社會中如雨後春筍般興起的許多「會所」與書院，
就是例證。❻當時的許多「社約」、「會約」，如劉宗周的《證人社
約》，查鐸的《楚中會條》、《水西會條》，蕭良榦的《稽山會約》,蕭
雍的《赤山會約》等等，❻都是這類以講學為依歸的會所，為標明
綱領或宗旨而作的文字。這類不一而足的文字，足可證明明末以學
「道」（當然不都是卓吾的「道」）為標的的團體風行一時的盛況，
以及「同志意識」的昂揚。卓吾之學，僅是其中之一端罷了。

卓吾本人就參加過這種以「學道」——「性命共探賾」❻為目
的的講會。❻〈觀音問〉一文，正是他在這種講會中為女弟子講學
所編寫的講義。從下一則軼事中也可以看出他對講會的重視。某次
講會，因會員中有人臨時有事，希望修改會期；卓吾就堅持不肯。
他主張：「會期之不可改，猶號令之不可反、軍令之不可二也」；他
以為「重會期」，就是「重會」，就是「重友」，也就是「重道」:「重
友以故重會，重會以故重會期」,「若重道，則何事更重於道會也耶!」
他深切盼望「庶幾有以友朋為重，以會為重者」。所以他堅絕不肯
修改會期：「故有事則請假不往可也，不可因一人而遂廢眾會也，
況可遽改會期乎？若欲會照舊是十六。其曰：『眾人皆未必以會為

---

❻　可參看郭紹虞：〈明代的文人團體〉，收入郭紹虞：《照隅室古典文學
　　論集》（臺北：丹青圖書公司，1985），頁342-434。郭氏所論的範圍
　　遍及有明一代，且所論列的各種文人集團之性質亦各有千秋。但越近
　　明末，結社的態度越是嚴肅。從郭氏的行文中，這是看得出來的。

❻　《證人社約及其他五種》，收入「叢書集成初編」（上海：商務印書館，
　　1936）。

❻　李贄：《續焚書》，卷五，〈哭承庵〉，頁104。

❻　見黃宗羲：《明儒學案》（臺北：河洛出版社，1974），上冊；卷十四，
　　〈浙中王門・太常徐魯源先生用檢〉；第3分冊，頁36。

重，雖改以就我亦無妨」。噫！此何事也！眾人皆然，我獨不敢」。[66]
卓吾敬謹戒慎、莊肅嚴重的態度，正是從友人之間對「道」所懷有
的「同志意識」而來。

　　對於「道」的「同志意識」，可以從同志之間彼此毫不留情的
攻錯、督促上察知。卓吾認為：同志之間，在「學道」之時，彼此
有商證、提撕、督促的義務；於得「道」之後，也必須互相檢視、
審察，以提防對方重又退墮而入苦海。這類工作有時候必須狠下心
腸、不講情面。卓吾就曾屢屢要求朋友對他自己應該痛下針砭，不
可留情。他自省：

> 我生平喫虧正在掩醜著好，掩不善以為善，墮在「小人閒居
> 無所不至」之中，自謂人可得欺，而卒陷於自欺者。

卓吾慶幸：自己還有一些「真切友朋」能夠「針砭膏肓，不少假借」，
這才使得自己能夠「覺悟知非，痛懺追省，漸漸發露本真，不敢以
醜名介意耳」。即便如此，他仍擔心自己「恐猶在詐善掩惡途中，
未得全真還元」。他以為他的朋友「以我為醜，曲為我掩」是不對
的，「甚非我之所以千里相求意也」。朋友的用心，「非不忠厚款至」；
然而，如果始終只是為我「粉飾遮護」，則「吾病不可瘳矣」。卓吾
引《大學》中的話以自儆：

> 《大學》屢言慎獨則勿自欺，勿自欺則能自慊，能自慊則能
> 誠意。能誠意則能出鬼門關矣。人鬼之分，實在於此。

---

[66]　李贄：《焚書》，卷二，〈會期小啟〉，頁74。

如若不能夠「全真還元」——回歸自己的本性；卻「掩醜著好」、自欺欺人，就不免於陷溺苦海而「自沉於鬼窟之下」。(67)這裏仍然透露出卓吾一貫的究極關懷——如何出離生死以擺脫輪迴。另外，也可以看出卓吾對自身容易「詐善掩惡」、「陷於自欺」所懷有的恐懼與不安。對自力以求解脫的不甚放心（不歇的緊張、焦慮感）；正因為如此，卓吾才需要友人出手幫助。卓吾還曾經感歎敢於以忠言逆耳的人，常常不能見之於朋友之間，認為這是「朋友道絕」的徵象：

> 嗟夫！朋友道絕久矣。

他發現君主往往可有「死諫」之臣，而朋友之間則每每絕無「犯顏敢諫之士」。原因就在於：臣之諫君，可以一「死而博死諫之名」，因此「志士亦願為之」；何況「未必死而遂有巨福耶?」他推究這些忠臣志士暗懷著的不可告人的用心是：「避害之心不足以勝其名利之心，以故犯害而不顧，況無其害而且有大利乎!」

這樣的「大利」並不能見之於友朋之間。卓吾指出：「若夫朋友則不然：幸而入，則分毫無我益；不幸而不相入，則小者必爭，大者為仇」。他所耳聞目睹的何心隱就是一例：「何心老至以殺身，身殺而名又不成，此其昭昭可鑒也」。何心隱事見於《明儒學案》：「一日遇江陵（按：即張居正 [1525–1582]）於僧舍，江陵時為司業。心隱率爾曰：『公居太學，知《大學》道乎?』江陵為勿聞也者，目攝之曰：『爾意時時欲飛，卻飛不起也。』江陵去，心隱舍然若喪，曰：『夫夫也，異日必當國，當國必殺我。』」以後何心隱果然見殺，死前猶斷語「殺我者張居正也」。(68)卓吾引此事以見交友而能不計利

(67) 李贄：《焚書》，增補一，〈答周柳塘〉，頁261。

害、不顧顏面、直言勸諫的難得。他的結語是：

> 故余謂千古無朋友者，謂無利也。是以犯顏敢諫之士，恆見於君臣之際，而絕不聞之朋友之間。
>
> 余嘗謬謂千古有君臣，無朋友，豈過論歟！(69)

卓吾曾經請求朋友「幸為我加誅，我不護痛也」；(70)就是基於此一態度的切身實踐。在《明儒學案》裏有一則故事，說卓吾因為徐魯源(1528–1611)「手書《金剛經》示之曰：『此不死學問也，若（汝）亦不講乎?』」卓吾始「折節向學」：「(卓吾）嘗晨起候門。先生(指徐魯源）出，輒攝衣上馬去，不接一語。如是者再，贄（指卓吾）信向益堅。語人曰：『徐公鉗錘如是。』」(71)卓吾曾經說過：「夫為學而不求友與求友而不務勝己者，不能屈恥忍痛，甘受天下之大鑪錘，雖曰好學，吾不信也。欲成大器，為大人，稱大學，可得耶?」(72)他之所以甘願接受徐魯源的「鉗錘」與「大鑪錘」，之所以能夠「屈恥忍痛」，正由於這本來就是師友共「學」此「道」的當有之義。只有如此，才能得到「不死」學問，出離苦海，擺脫輪迴，「成大

---

(68) 關於何心隱死因的各方面說法，容肇祖整理的《何心隱集》中，搜羅了大量的史料。請參看何心隱著，容肇祖整理：《何心隱集》（北京：中華書局，1981)，〈附錄〉，頁119–146。此處的引文，見黃宗羲：《明儒學案》，上冊；卷三二，〈泰州學案・序〉；第6分冊，頁63–64。

(69) 李贄：《焚書》，卷一，〈答耿司寇〉，頁29。

(70) 李贄：《焚書》，卷二，〈又與焦弱侯〉，頁50。

(71) 黃宗羲：《明儒學案》，上冊；卷十四，〈浙中王門・太常徐魯源先生用檢〉；第3分冊，頁36。

(72) 李贄：《焚書》，增補一，〈復耿中丞〉，頁258。

器，為大人，稱大學」。卓吾不但要求友人為自己「加誅」，聲言絕不護短；他本人對朋友之失亦絲毫不放過，而且還很是自得：「所喜者，南中友朋愈罵愈攻而愈發憤」。 卓吾以為「南中友朋」之可貴處，正在於「人之真實，志之誠切，氣之豪雄」； 而他自己在攻人之過時，能夠對於友人的要害處，「吾矢發必中」，他對此顯然是頗為自滿的。他評價「南中友朋」：「彼初非有所為而興，特無朋友攻擊，未免怠緩，故一激即動如此耳」。**[73]**

友朋之間如果能夠真實向道、誠切問學，就應當彼此絕不放鬆，針對朋友之陷溺處窮追猛攻、善加忠告；各人不但不可以遮醜護短，甚至惱羞成怒；反而應該虛心受教，發憤向前。卓吾心目中友誼的理想狀態，就是如此。袁中道曾經說卓吾「此老以嗔為佛事，少不受其呵斥者」。**[74]**此語必須從此一角度理會，方能得其確解。

正是對於「道」所具有的「同志意識」， 才能如此這般完全掃除私人情面上的顧慮。事實上，外貌形跡上的不顧情面、痛加針砭，正顯示友朋之間在內心深處真正關切彼此的存在處境。形諸外的嚴苛，與有諸中的關心，是成正比的。他曾有書信致至友焦竑，語調跡近教訓；最後他痛切地勉勵焦竑：「毒藥利病，刮骨刺血，非大勇如關雲長者不能受也。不可以自負孔子、孟軻者而顧不如關義勇武安王者也」。 這樣一封毫不容情的信，句句發自於卓吾的方寸之間；他向焦竑表明：「只此一書耳，終身之交在此，半路絕交亦在此，莫以狀元恐嚇人也（按：焦竑是萬曆十七年[1589]己丑科的狀元）**[75]**。世間友朋如我者絕無矣」。最後他沉痛地在他的至交之前

---

[73] 李贄：《續焚書》，卷一，〈與馬伯時〉，頁27。

[74] 潘增紘編：《李溫陵外紀》，卷二，袁小修：〈跋李氏遺書〉，頁39b–40a。

[75] 參看莫雁詩、黃明編撰：《中國狀元譜》（廣州：廣州出版社，1993），

說：「弟今年六十三矣，病又多，在世日少矣，故所言者皆直致不委曲。雖若倚恃年老無賴，然於相知之前，亦安用委曲為也！若說相知而又須委曲，則不得謂之相知矣。然則弟終無一相知乎？以今觀之，當終吾身無一相知也」。(76)卓吾的這封信用詞可謂聲色俱厲、情見乎詞。他顯然以為：只有相知，才能不假委曲，直進此逆耳之忠言；也只有相知，才能「屈恥忍痛」，以受此「刮骨刺血」的針砭。師友之間，彼此應該毫不顧到情面，痛下撻伐；毫不護短，發憤向學。卓吾這種心態，也可以見諸他給另一位友人鄧石陽的信上：

> 吁吁！二十餘年傾蓋之友，六七十歲皓皤之夫，萬里相逢，聚首他縣，誓吐肝膽，盡脫皮膚。苟一毫衷赤不盡，尚有纖芥為名作誑之語，青霄白日，照耀我心。便當永墮無間，萬劫為驢，與兄騎乘。此今日所以報答百泉上知己之感也。縱兄有憾，我終不敢有怨。(77)

此處所透露出來的消息，不僅只是卓吾與焦竑或鄧石陽之間的相知相得；事實上，只有同志於「道」的「同志意識」，才能促成友朋雙方這樣一種「誓吐肝膽，盡脫皮膚」，兩心彼此朗照、不沾纖芥塵埃的精神。友朋之間因「道」而作最誠切、純潔的相結，個人顏面的考慮相形之下就無足輕重了。

在這裏，卓吾所關切的已不再單純只是個人出脫生死輪迴的問題了。對於個人存在處境的關懷，已經擴大而為對於友朋——乃至

頁256–257。

(76) 李贄：《焚書》，增補二，〈復焦弱侯〉，頁270–271。

(77) 李贄：《焚書》，卷一，〈復鄧石陽〉，頁14。

他人——的存在處境之關懷。同志之間的互相攻錯，相濡以沫，就是這種關懷的真情流露。但這種「同志意識」，終究不可能完全根除個人面對其存在處境的孤寂感受；只在某種程度上，或有稍微減輕的作用。這是因為存在處境即使是普遍的、人人皆然的；但對於個人而言，終究只有依賴自力，必須獨自對付。同志之切磋與奧援，因而只能是邊緣性的助力。

如上文所言：無論是「同志意識」或「同胞愛」，都源自於「我」對自身的存在處境的體察；由這種切身的體會，而觀照到他人的存在處境。從而產生彼我皆然、禍福與共、苦海同舟的情誼。「同志意識」存在於覺者之間，「同胞愛」則普及於包括覺者與未覺者的一切眾生。

覺者激於胸中所孕蓄的「同胞愛」，自然對於今生乃至後世的所有未覺者之存在處境寄予關懷，而懷有將此「道」傳遍世界、傳至將來的使命感；這樣的使命感，正是一種傳「道」精神。在覺者之間，後覺者對於先覺者的提撕、啟迪，又存有感念之心。這種以未覺者為對象的「傳道精神」，以及以先覺者為對象的感念之心，存在於每一名同志於「道」的同志之胸懷間。對於每一員此「道」之中的同志而言，在「我」之前，都有先覺者；在「我」之後，也都有未覺者。「我」的責任與使命，就是把先覺者託付給「我」（以出脫「我」於苦海之中）的「道」（卓吾所謂「千聖之衣缽」(78)），傳給尚且浮沉於苦海的未覺者。每一個「我」，都有承先啟後的責任；都對於先覺者之能夠承先啟後充滿感念，也對於未覺者之或能承先啟後寄予厚望。

「同志意識」，不但顯現在前文所述同志間相互攻錯、相濡以

(78) 李贄：《焚書》，卷三，〈羅近溪先生告文〉，頁123。

沫的情誼上，也表現於這種感念與寄望——一言以蔽之——這種承先啟後的精神裏。

卓吾認為學「道」、得「道」之覺者，不應止作自了漢，只圖「成己」、以「成己」為已足。在「成己」之外，也應「成物」。他說：

> 此成己成物一體之學。……若謂大休歇人到處自在，只好隨時著衣喫飯度日，則孔聖何以汲汲，孟氏何以遑遑，達磨不必東度，青牛（按：這裏說的是老子騎青牛出關的故事）不之流沙；從前祖師棒喝交馳，建立道場，作人天眼，盡為沒來由底漢矣。此必有不容自已者。(79)

孔、孟汲汲遑遑，達磨東來，老子西去；三教聖人奔波如此，都基於不容已的傳「道」精神——欲將此「道」傳給尚且陷溺在苦海之中的未覺者。卓吾自己就激於此一「不容自已」之心，而有志承接此一「千聖之衣缽」，使此「道」大明於世，以覺發此世之眾生。他自謂一生與人論戰，交手「作對頭」，正是為的「救焚拯溺」。(80)他告訴女弟子明因：「若我則直為無可奈何，只為汝等欲學出世法者或為魔所撓亂，不得自在，故不得不出頭作魔王以驅逐之。」(81)卓吾終身「在是非窠臼中」(82)，如他所自言：是出自對於「欲學出世法

(79) 李贄：《續焚書》，卷一，〈與耿楚倥〉，頁18。

(80) 李贄：《續焚書》，卷一，〈與焦弱侯太史〉，頁16。

(81) 李贄：《焚書》，卷二，〈與明因〉，頁62。

(82) 這是汪可受語，見汪可受：〈卓吾老子墓碑〉，收入廈門大學歷史系編：《李贄研究參考資料》，第一輯，頁18。

者」的愛護之心，而不得不如此。他自謂：「大較余之初心，不是
欲人成佛，便是欲人念佛耳，而人多不信，可如何！或信矣，而眾
魔復害之，使之卒不敢信，可如何！因而謗佛沸騰，憂患叢生，終
歲閉戶而終歲禦寇有由也，余雖不欲卒老於行，又可得耶！」[83]卓吾
之「禦寇」，是因為「眾魔」之「謗佛」，為免學「道」者為彼輩所
害，故只有自己「作魔王以驅逐之」。在他的行徑底下，流貫著的
正是傳「道」精神。卓吾自謂在「救焚拯溺」事業上所具有的「真
切苦心」，他自己實在勝過羅汝芳（號近溪。1515-1588）：「剝膚椎
腹，雖羅盱江（按：即羅近溪）亦未能如余之真切苦心也，亦可謂
愚矣」！他以為羅近溪只是一個「自求快活」的自了漢，儘管自己
領會了此「道」之好處，但卻不願意為此「道」而出頭：「大抵自
求快活者又安肯到處與人作對頭耶？」羅近溪充其量只是「狀貌一
似救焚拯溺之人耳」。然而，卓吾警告：如果始終不願意為此「道」
而「與人作對頭」，「則終無自成之期，亦終無成人之期」。[84]卓吾
心中，顯然是把「到處與人作對頭」一事，看作是「成人」亦所以
「自成」之道。這裏所透露出來的消息是：對眾生存在處境的關懷，
其實是與自身的解脫息息相關的；為完成一己的解脫，傳「道」事
業是必經的途徑。在卓吾的傳「道」熱誠中，交雜著痛切的、自求
解脫的執念；因而大為增強其傳「道」精神的強度。

　　凡能在傳「道」事業上有大貢獻的人士，卓吾都極力推崇。他
認王陽明是「得道真人」。[85]卓吾先描述了在陽明的時代，朱學流行

[83]　李贄：《續焚書》，卷二，〈老人行敘〉，頁59。

[84]　李贄：《續焚書》，卷一，〈與焦弱侯太史〉，頁16。

[85]　這是卓吾所作的〈陽明先生年譜後語〉中的話。轉引自容肇祖：《明
　　　代思想史》（臺北：開明書店，1978），頁235。

的空氣之下，不容異己的情境：「以時方盛行朱學，雖象山先生(陸
九淵。1139–1192) 亦不免數百年禪學之冤。嗚呼！陸子靜耳何曾
聞一句禪語、目何曾見一句禪書乎？冤之甚矣，況王先生哉！」 即
使是陳白沙（陳獻章。1428–1500)，雖然也曾「親見本來面目」，但
也不敢「露出半語」。陽明當此情境，為免「禪學之冤」，故「反覆
思惟」、「善巧方便」，揭櫫「致良知」三字，才使得此「道」能夠
大行於世：

> 反覆思惟，使人人知「致良知」三字出於《大學》、《孟子》，
> 則可以脫禍，而其教亦因以行，此則王先生之善巧方便，千
> 古大聖人所當讓美，所當讓德，所當讓才者也。[86]

此「道」是超乎儒、釋之分的。[87]陽明因時施教、善巧方便，使世
間習於以教門別正統與異端的世人，有了可以親見「本來面目」的
入「道」之途。卓吾對於陽明傳「道」的苦心與手段是極為推崇的。
在他心目中，陽明已經躋身於「千古大聖人」之列了。

　　基於同樣的理由，卓吾在羅近溪逝世後，為悼念羅近溪而作的
文字中，也肯定了羅氏在傳「道」事業上的貢獻：

> 若夫大江之南，長河之北，招提梵剎，巨浸名區，攜手同遊，
> 在在成聚。百粵、東甌、羅施、鬼國、南越、閩越、滇越、

---

[86] 李贄：《續焚書》，卷一，〈答馬歷山〉，頁2。

[87] 關於明末三教與「道」的關係，最精要的詮釋，請參看 Edward T. Ch'ien
（錢新祖），*Chiao Hung and the Restructuring of Neo-Confucianism in
the Late Ming*, p. 14。

騰越，窮髮鳥語，人跡罕至，而先生墨汁淋漓，周遍鄉縣矣。至若牧童樵豎、釣老漁翁、市井少年、公門將健、行商坐賈、織婦耕夫、竊屨名儒、衣冠大盜，此但心至則受，不問所由也。況夫布衣韋帶、水宿巖棲、白面書生、青衿子弟、黃冠白羽、緇衣大士、縉紳先生、象笏朱履者哉！是以車轍所至，奔走逢迎，先生抵掌其間，坐而笑談。人望丰采，士樂簡易，解帶披襟，八風時至。有柳士師之寬和，而不見其不恭；有大雄氏之慈悲，而不聞其無當。同流合污，狂簡斐然；良賈深藏，難識易見。居柔處下，非鄉愿也。汎愛容眾，真平等也。力而至、巧而中，是以難及；大而化，聖而神，夫誰則知。蓋先生以是自度，亦以是度人。七十餘年之間，東西南北無虛地，雪夜花朝無虛日，賢愚老幼貧病貴富無虛人。❽

關於這一段文字的意義，有馬克思主義的史學家認為其中透露出了「一種烏托邦的社會理想」。❽事實上，卓吾以羅近溪為範所描畫出來的，應是一種「自度」、「度人」的傳「道」精神。這種精神包容了此世的一切眾生，小大不捐、鉅細靡遺；也掃蕩了所有社會上人為的分別，無尊無卑、無貴無賤。我們如果沒有掌握住卓吾宗教上的感情，就難以理解卓吾這種精神的根源所在。這樣的精神，確實與「一種烏托邦的社會理想」有可以相通之處。但它本身仍是宗教性的。

出諸對眾生的悲憫，以及自求解脫的企望，自然也會對所以解脫之「道」生出虔敬之心。此「道」代代相傳（雖然人人都擁有生

❽ 李贄：《焚書》，卷三，〈羅近溪先生告文〉，頁124-125。

❽ 張建業：《李贄評傳》，頁100。

而有之的「生知」與「明德」，可以據以理會此「道」❾），因此卓
吾又稱之為「千聖之衣缽」。　學「道」、　得「道」之人，應該將此
「道」託付與有「根器」、「見過於師」的人，俾使此「道」不致錯
失。卓吾以為：「學道」須要「根器」，「根器即骨頭也，有此骨頭，
方可學道」。　卓吾相信王陽明為了尋找有「根器」與「骨頭」之人
以承擔此「道」，　費了不少力氣，最後才將這「千聖之衣缽」託付
給了王龍溪：「當時王陽明不知多少人在他門下。彼一見知其軟弱
無用者，盡送與湛甘泉（按：即湛若水，1466–1560），且教之曰：
湛甘泉是大聖人，可去就學。即甘泉亦自以為推己，而不知陽明實
撥去不堪種草之人，尋好漢也」。　篩除了這一類庸才之後，陽明終
於物色到了王龍溪：「……於時王龍溪少年任俠，日日在酒肆博場。
王陽明偶見而異之，知其為大乘法器」。　然而，龍溪卻「極厭薄講
良知者，絕不肯一會」。陽明乃設下了圈套，以誘龍溪入彀：「陽明
便日與門弟子陸博投壺飲酒」。龍溪見到，笑謂：「你們講學，酸腐
之儒也。如何作此事？」陽明的弟子即回答說：「我這裏日日是如此，
即王老師在家亦然。豈有此酸腐之話！」　龍溪果然大驚異，乃求見
陽明。「陽明一會，龍溪即納拜矣」。卓吾評斷道：「陽明得此一人，
便是見過於師，可以傳授。其餘皆土苴也。何用之有？」❿

　　陽明與龍溪間此一軼事之有無，不勞深究。值得注意的，倒是
卓吾的敘述中所透露出來的，對於能夠學「道」、　傳「道」的「大
乘法器」之重視。在「汎愛容眾，真平等也」這般包容一切眾生、
不加檢擇的態度之外，另有為「道」得人的小心。前者表現的是「同

❾　李贄：《焚書》，卷一，〈答周西巖〉，頁1；〈答周若莊〉，頁2。

❿　這是袁中道記下的卓吾的談話。見袁中道：〈柞林記譚〉，收入潘曾紘
　　編：《李溫陵外紀》，卷一，　頁16a–17a。

胞愛」，後者體現的則是「同志意識」。兩者其實並不衝突。

為「道」得人，以傳此「千聖之衣缽」的苦心，又見於卓吾對羅近溪臨死前舉止的解釋。《明儒學案》中記羅近溪之死：「（萬曆）十六年，從姑山崩，大風拔木。刻期以九月朔觀化。諸生請留一日，明日午刻乃卒」。❾❷當時的羅氏弟子乃至一般人，咸認羅氏「得正而斃，吾師（按：指羅氏）無忝曾參矣；挾杖逍遙，吾師不愧夫子矣。豈惟不惜死，又善吾死。吾師至是，真有得矣」。卓吾對此事卻有不同的理解。他認為羅近溪以赤身承擔此「道」，「所係於天下萬世者如此其甚重也」，然而卻未能尋得可以託付此「道」之人，故臨死前猶屢屢顧望；如果不能為「道」得人以交付此「千聖之衣缽」，羅氏死且難以瞑目。卓吾以為，羅近溪享年七十又四，較孔子的七十高壽猶有加焉。一般人到了這個「人生七十，古來所稀」的歲數，也可以「不惜死」了。羅氏既非常人可比，自然並非「不惜死」。然則何以羅氏臨終之前，還遷延再三呢？卓吾的解釋是：「市井小兒，辛勤一世，贏得幾貫錢鈔，至無幾也。然及其將終也，已死而復甦，既瞑而復視，猶恐未得所託然者。使有託也，則亦甘心瞑目已矣」。市井小兒為了一點產業，猶且如此。何況是身負「歷代衣缽」的羅近溪？卓吾推測羅氏「勉留一日」的緣故是：「或者亦恐未得所託矣。如使有託，雖不善死，亦善也。使未有託也，則雖善死，先生不善也」。換言之，在卓吾看來，羅氏忍死須臾，是為了等不到可以傳授衣缽的「大乘法器」：

　　吾謂先生正當垂絕之際，欲慟不敢慟之時，思欲忍死一再見

❾❷　黃宗羲：《明儒學案》，下冊；卷三四，〈泰州學案三〉；第7分冊，頁1。

　　焉，而卒不可得者。……天既喪予，予亦喪天；無父則望孤，
　　無子而望絕矣。

　　卓吾在重死的羅近溪身上，看到了以「道」自任、為「道」得人的
精神。他追懷羅氏此一精神：「千載而下，聞之猶恐斷腸，望之猶
堪墮淚，此自是其至痛不可甘忍！」他在這篇追念文字的末尾，與
羅近溪的在天之靈相約：「余雖老，尚能驅馳，當不辭跋涉為先生
訪求門下士誰是真實造詣得者。得即焚香以告，以妥先生之靈」。也
就是說：卓吾自告奮勇，一肩扛下了這個流傳「千聖之衣缽」的重
任。❾❸

　　羅近溪死前心事到底如何，無關宏旨。重要的是：卓吾正是這
麼相信的。我們從卓吾體貼入微的描寫中，可以測知他對於「道」、
對於「千聖之衣缽」所懷有的虔敬態度。如果不能尋得可以承擔此
「道」的同志——所謂的「大乘法器」；則不但「千聖之衣缽」至
「我」而絕（「無子而望絕」），後世陷溺苦海的眾生亦將無所仰賴
（「無父則望孤」）；「同志意識」與「同胞愛」兩者於是皆無著落處。
就「我」而言，「道」或將及我身而絕，所謂「天既喪予」；就天下
後世而言，則將無可依靠，乏人指引，所謂「予亦喪天」。卓吾描
畫的雖然是羅近溪，但從他體貼入微、精細入神的筆法看來，這毋
寧是他的夫子自道；這種尋不到同志的孤獨、救不了同胞的遺憾，
大約正是他一貫的心境。

　　為能不負「前人付託之重」，並免除「兒孫陷溺之苦」，傳「道」
事業應該以奮不顧身的精神為之。如果「愛身而不愛道」，如果「務
為遠嫌遠謗之圖」，那就是「自私自利」。卓吾責怪這樣的「學道

---

❾❸　李贄：《焚書》，卷三，〈羅近溪先生告文〉，頁122–125。

者」,「以此設心, 是滅道也, 非傳道也」;「是失己也, 非成己
也」。**❾❹**

在衣缽相傳的系譜中, 此「道」中人, 無分古今, 都是同志。
同志之間, 不但有基於「同志意識」, 互相攻錯, 以坐進此「道」
的義務; 也有基於「同胞愛」, 傳「道」以救世的責任。卓吾極為
推崇王龍溪在承先啟後上的功業:「非龍溪先生五、六十年守其師
說不少改變, 亦未必靡然從風, 一至此也。此則陽明先生之幸, 亦
天下萬世之大幸」。**❾❺**龍溪逝世以後, 卓吾有紀念文字:

> 聖代儒宗, 人天法眼; 白玉無瑕, 黃金百鍊。今其沒矣, 後
> 將何仰? 吾聞先生少遊陽明先生之門, 既以一往而超軼; 中
> 升西河夫子之坐, 遂至歿身而不替 (按: 這是以孔子歿後,
> 子夏居西河教授的典故, 指龍溪承接了陽明的衣缽)。要以朋
> 來為樂兮, 不以不知而慍也, 真得乎不遷不貳之宗。正以人
> 知而信兮, 不以未信而懈也, 允符乎不厭不倦之理。蓋修身
> 行道者將九十歲, 而隨地兩法者已六十紀矣。以故四域之內,
> 或皓首而執經; 五陵之間, 多繼世以傳業。遂令良知秘藏,
> 昭然揭日月而行中天; 頓令洙、泗淵源, 沛乎決江、河而達
> 四海。非直斯文之未喪, 實見吾道之大明。先生之功, 於斯
> 為盛!

他推崇王龍溪:「嗟我先生! 唯以世人之聾瞽為念, 是故苟可以坐
進此道, 不敢解嘲也; 唯以子孫之陷溺為憂, 是故同舟而遇風, 則

---

❾❹ 李贄:《焚書》, 卷三,〈王龍溪先生告文〉, 頁121。
❾❺ 李贄:《續焚書》, 卷一,〈答馬歷山〉, 頁2。

吳、越必相救，不自知其喪身而失命也。此先生付託之重所不能已也」。 ⑯對於「世人之聾瞽」、「子孫之陷溺」的眷念，轉化為奮不顧身的傳「道」精神。浮沉苦海的眾生，與「我」同舟寄命、飢溺與共，為能出眾生於苦海，可以之死靡他、九死未悔。千聖的衣缽之傳，存心所在，正在於這樣的「同胞愛」。此「道」如果因「我」而失傳，則不但無補於「兒孫陷溺之苦」， 且將有負「前人付託之重」。 此所以羅近溪忍死以待、王龍溪歿身不替、卓吾「與人作對頭」， 都是以赤身承擔此「道」的應有之義。卓吾強調：為「道」從事承先啟後的事業，必須能夠「為法忘軀」。 ⑰他讚美何心隱「以布衣出頭倡道而遭橫死」的精神。 ⑱在〈何心隱論〉這一篇名文中，卓吾有此一歎：「賢者疑之，不賢者害之，同志終鮮，而公（按：指何心隱）亦竟不幸為道以死也」。卓吾以為何心隱的死是為「道」而死；在他心目中，這遠勝於為「忠孝節義」而死。然而世人都不能知之：「夫忠孝節義，世之所以死也，以有其名也，所謂死有重於泰山者是也。未聞有為道而死者。道本無名，何以死為？今公已死矣，吾恐一死而遂湮滅無聞也」。他沉痛地歎息：「夫惟世無真談道者，故公死而斯文遂喪。公之死顧不重耶！」⑲他的惋惜情見乎詞，而典型凤昔之想亦宛然可辨。卓吾在萬曆三十年(1602)繫獄，自盡之前有詩，中有「志士不忘在溝壑，勇士不忘喪其元」的句子（原典出於《孟子》一書）。 ⑩可見他早有為擔當此「道」，不惜喪首野

⑯　李贄：《焚書》，卷三，〈王龍溪先生告文〉，頁121。

⑰　李贄：《續焚書》，卷四，〈東土達磨〉，頁94。

⑱　李贄：《焚書》，卷二，〈為黃安二上人三首〉，頁80。

⑲　李贄：《焚書》，卷三，〈何心隱論〉，頁89。

⑩　李贄：《續焚書》，卷五，〈繫中八絕〉，頁117。另見楊伯峻譯注：《孟

葬之志。卓吾追步心隱，以一死所體現的，正是「為法忘軀」的精
神。

卓吾以一種感佩讚歎的心情描寫傳道者的系譜：

> 釋迦佛說法四十九年……蓋合萬億劫以為一劫，合萬億世以
> 為一世，又非止於子孫相繼以為一世者之比也。
> 夫孔夫子去今二千餘歲矣……俎豆相望，歷周、秦、漢、唐、
> 宋、元以至今日，其或繼今者萬億劫可知也。
> 東土初祖，即西天第二十八祖菩提達磨尊者。自西天來東，
> 單傳直指明心見性直了成佛之旨以授慧可，遂為東土初祖。
> 蓋在西天則為二十八代尊者相傳衣缽之祖，所謂繼往聖之聖
> 人也，猶未為難也；在此方則為東土第一代祖師之祖，所謂
> 開來學之聖人也，難之猶難焉者也。嗚呼！絕言忘句，玄酒
> 太羹，子孫千億，沿流不絕，為法忘軀，可謂知所重矣。
> 心齋（王艮）之後為徐波石，為顏山農（按：即顏鈞。
> 1504-1596）。山農以布衣講學，雄視一世而遭誣陷；波石以
> 布政使請兵督戰而死廣南。雲龍風虎，各從其類，然哉！蓋
> 心齋真英雄，故其徒亦英雄也。波石之後為趙大洲（名貞吉。
> 1508-1576），大洲之後為鄧豁渠；山農之後為羅近溪，為何
> 心隱，心隱之後為錢懷蘇，為程後臺：一代高似一代。所謂
> 大海不宿死屍，龍門不點破額，豈不信乎！心隱以布衣出頭
> 倡道而遭橫死；近溪雖得免於難，然亦幸耳。……蓋英雄之
> 士，不可免於世而可以進於道。⑩

子譯注》，卷六，〈滕文公〉下，第一章，頁138。

⑩ 李贄：《續焚書》，卷四，〈東土達磨〉，頁94；〈釋迦佛後〉，頁94-95。

這些人物，以他們的傳「道」、 倡「道」事業，以他們學「道」的天資與努力，成為卓吾的前代同志。雖然蕭條異代，卓吾仍然感到他們與自己是同志；擁有相同的「同志意識」， 懷著同樣的「同胞愛」。這些前代同志，構成了卓吾心目中的萬神殿。

卓吾半生的倡「道」事業，從他自己看來，是失敗的。他以為他的著書立說，本身並非目的；他真正的目的，只是為了傳「道」：「夫老人初心，蓋欲與一世之人同成佛道，同見佛國而已，著書立言非老人事也」。 然而，日增月逝，他的「書日益多，言日益富」，但他「欲與一世之人同成佛道，同見佛國」的「初心」，卻只是「徒然」而已。他的《老人行》只是他的「窮途哭」。 半生倡「道」，卻只是一場「徒然」。 他的感歎，至今猶令我們動容。無論如何，卓吾還是把他倡「道」的希望寄託在他的書裏：

> 雖然，百世以下，倘有見是書而出涕者，堅其志無憂群魔，強其骨無懼患害，終始不惑，聖域立蹟，如肇法師所謂「將頭臨白刃，一似斬春風」，吾夫子所謂「有殺身以成仁」者，則所著之書猶能感通於百世之下，未可知也。則此老行也，亦豈可遂謂之徒然也乎哉！ ⓮

卓吾書中的千言萬語，其實正是以這種傳「道」精神為主軸的。這是他自覺的意向所在。除非掌握到他心目中的主旨，卓吾的一切「進步思想」， ⓯都將無所附麗，無從偵出其來源。如果我們不能以卓吾

李贄：《焚書》，卷二，〈為黃安二上人三首〉，頁80。

⓮　李贄：《續焚書》，卷二，〈老人行敘〉，頁60。

⓯　侯外廬：〈李贄的進步思想〉，收入氏著：《侯外廬史學論文選集》，下

的本意來理解他的思想，而輕其所重；則卓吾的著作，從他自己看來，或將真的只是一場「徒然」而已。

　　如果借用 Max Weber 的說法的話，我們或可以說：在卓吾身上，儒家式的「血緣共同體」(community of blood)，已經由「信仰共同體」(community of faith)取而代之了。⑩換言之，在卓吾心目中的人，已經走出了自然的組織，而進入了人為的組織了。

冊，頁61–62。

⑩　關於 Weber 的說法，請參看 Max Weber 著，簡惠美譯：《中國的宗教》，頁392。

第五章　自然人

第一節　「自然之性」

　　在上文中曾經以存有論(ontology)這一層面為主題,討論過卓吾之學中「道」的「超越內在」的性質,與儒家思想中的「超越內在」的性質,兩者間的異同之處。本節將賡續此一討論,探究卓吾思想中「超越內在」的性質,在心性之學方面是如何表現的。

　　自孔、孟以來,一般義的儒家,皆一致認為「人」不能離五倫而存在:「人不是一個本質性的絕對個體單位,而是一種整合在人我與物我網絡的存有之中的關係性存在(relational existence),所以需要跟『名份』與『位格』等觀念連結在一起,才可能成為真實而有意義,儒家因此提倡三綱五常」。❶對應於這種對於人的構想,傳統儒家相信在人性中天生就稟賦有可以施之於五倫關係網絡的「常性」。朱子就說:「道之在天下,其實原於天命之性,而行於君臣、父子、兄弟、夫婦、朋友之間」。❷他為《詩經》〈大雅‧烝民〉作

---

❶　錢新祖:〈儒家傳統裏的「正統」與多元以及個人與「名份」〉,見《臺灣社會研究季刊》,第1卷,第4期(臺北:臺灣社會研究季刊社,1988年冬季號),頁221–231。引文見頁226–227。

註時，就根據這一觀點而有以下的說法：

> 天生眾民，有是物必有是則。蓋自百骸九竅五藏而達之君臣、
> 父子、夫婦、長幼、朋友、無非物也，而莫不有法焉。如視
> 之明、聽之聰、貌之恭、言之順，君臣有義、父子有親之類
> 是也。是乃民所執之常性，故其情無不好此美德者。❸

王陽明也認為：

> 以此純乎天理之心，發之事父便是孝。發之事君便是忠。發
> 之交友治民便是信與仁。❹

在這套符號系統裏，內在於人性的，除了相應於五倫的道德性以外，
屬於「個體性」範疇的私欲，便不具有結構上的意義。對於傳統儒
家而言，「道德主體」秉持著「天命之性」、「純乎天理之心」，而恪
盡五倫的責任，是再自然不過的事。

　在〈道的顛覆力〉一節中，我們已交待過卓吾的「道」對於世
俗禮法與是非判準的破壞力。「道」對於外在規範的破壞、顛覆能
力，如果未能滲透入內在面的人性——推翻儒家的人性觀，以設想
另外的人性觀——那也是令人難以想像的事。事實上，卓吾之「道」

---

❷　張伯行編：《續近思錄》，卷六。轉引自楊慧傑：《朱熹倫理學》，頁121。

❸　朱熹：《詩經集註》（臺南：北一出版社，1973），卷七，〈大雅・烝
　　民〉，頁167。

❹　王陽明著，陳榮捷註評：《王陽明傳習錄詳註集評》，卷上，第3條，
　　頁30。

的破壞力、顛覆力，配合著「存在主體」的出現，確實改變了傳統儒家對人性的構想。

「道」的顛覆、破壞力，進入內在面的人性後，所產生的作用，與它在外在世界所造成的結果，有類似、雷同之處。在外在世界，一切是非、善惡、美醜之類的二元對偶系列，都被卓吾的「道」一舉超越、顛覆而掃蕩一空了。同樣的，原本對王陽明而言，「良知只是個是非之心。是非只是個好惡。只好惡就盡了是非，只是非就盡了萬事萬物」。❺這種二元對立的是非、好惡之心，也被卓吾視為是自外而內、反客為主的外來之物，而不是心的本來面目。

在陽明學的心性之學的範疇中，本有二元對立的實踐界與超越二元對立的本體界這兩個層次。王陽明有所謂的「四句教」：「無善無惡是心之體，有善有惡是意之動，知善知惡是良知，為善去惡是格物」。王門弟子錢德洪對首句的解法是：「心體是天命之性，原是無善無惡的。但人有習性；意念上見有善惡在」。而王龍溪則說：「若悟得心是無善無惡之心，意即是無善無惡之意，知即是無善無惡之知，物即是無善無惡之物」。王陽明自己的論斷是：王龍溪之說，是「我接利根人的」；錢德洪之說，則是「我這裏為其次立法的」。這不只是教學方法上的不同。事實上，王學的心性之學，本有二元對立（「有善有惡意之動」）的實踐界與超越二元對立（「無善無惡心之體」）的本體界這兩個層次。陽明學桃李門牆，不拘一格，亦由此可見。❻

---

❺　王陽明著，陳榮捷註評：《王陽明傳習錄詳註集評》，卷下，第288條，頁341。

❻　關於這個問題的詳細討論，請參見秦家懿：《王陽明》（臺北：東大圖書公司，1987），頁154–161。

卓吾顯然是站在王龍溪從本體界出發，超越二元對立的立場上，來推演其說的；他對錢德洪滯留在實踐界中，以致不能超越善、惡二元的對立，大約會極不以為然。卓吾說：「善且無有，何有於惡也耶?」只有「志於仁者」，才能直指「善惡未分之前」。❼他指出：

> 夫所謂醜者，亦據世俗眼目言之耳。

所謂「美」、「醜」，是「俗人以為醜則人共醜之」，「俗人以為美則人共美之」。而世俗並不見得真能分辨「美」、「醜」：「非真能知美醜也」。不過是「習聞如是，習見如是」，久而久之，外來的「聞見」「為主於內」；而「美」、「醜」也就「定於外」。這樣的習見與成見，終至於到了在心中「堅於膠脂，密不可解」的地步。❽

卓吾所謂「童心」，正是指未經聞見習染，換言之，超越一切對偶，尚未分化出二元對立式的道德認識型態的本心。他說：「夫童心者，絕假純真，最初一念之本心也」。❾他描述了「童心」被外來的「道理聞見」篡位，以致形成二元對立的道德認識型態的過程：

> 方其始也，有聞見從耳目而入，而以為主於其內而童心失。
> 其長也，有道理從聞見而入，而以為主於其內而童心失。其
> 久也，道理聞見日以益多，則所知所覺日以益廣，於是焉又
> 知美名之可好也，而務欲以揚之而童心失；知不美之名之可

---

❼ 李贄：《焚書》，卷一，〈又答京友〉，頁23。

❽ 李贄：《焚書》，增補一，〈答周柳塘〉，頁261。

❾ 李贄：《焚書》，卷三，〈童心說〉，頁98。

醜也，而務欲以掩之而童心失。❿

心的本體，是超越二元對立的。心體本身甚至也超越了「有」、「無」；不能以「有」、「無」論：「心本無有，而世人妄以為有；亦無無，而學者執以為無」。如果妄執「有」、「無」，「有、無分而能、所立」，結果就是「自罣礙也，自恐怖也，自顛倒也，安得自在?」 只有超越一切「二物有對」， 超越一切如「生滅、垢淨、增減」之類的分別，才能成為「自在菩薩」，「出離生死苦海，而度脫一切苦厄」，以到達「自在彼岸」。⓫

所謂「有、無分而能、所立」，在存有論上，指的是妄分「空」、「色」，誤把「空」（「彼岸」）與「色」（「苦海」） 看作是兩不相干的東西。卓吾的主張是： 「我所說色，即是說空，色之外無空矣；我所說空，即是說色，空之外無色矣」。⓬在心性之學上，則可指如錢德洪一般，執著於實踐界的「意動」的層次，以致妄分了善、惡二元，膠滯在二元對立的善、惡之見上。「能」、「所」一分，此心之所發就不免遭遇阻隔，卡在「能」、「所」的交界處。卓吾認為《大學》中「誠意」、「正心」的功夫，與《金剛經》裏「應生無所住心」的功夫，兩者的目的，都是要消除「能」、「所」的二元對立。他說：

夫誠意之實，在勿自欺；心之不正，始於有所。有所則有住，

---

❿ 李贄：《焚書》，卷三，〈童心說〉，頁98。

⓫ 李贄：《焚書》，卷三，〈心經提綱〉，頁100。當然，卓吾的這些思想，更是明白透露了來自於佛教的影響。

⓬ 關於卓吾之學在存有論的層次上，本體界與現象界兩者間的關係，請參看本書〈「道」的超越性與內在性〉一節。

有住則不得其正，而心始不得自在矣。**⑬**

所謂「有所」、「有住」，正是指此心之所發遭遇阻隔的情形。此心原本「無所住」，如果「妄立能、所」，致使「有所」、「有住」，而產生二法的對待——就心性之學而言，指的是本體界的「心體」與實踐界的「意動」兩者之間的分隔與對立——則此一「無住真心」的「生生之妙機無息」就會停頓乃至死滅。只有「誠意」、「正心」、「應生無所住心」，長使此心「無所住」：

> 惟無所住則虛，虛則廓然大公，是無物也。既無物，何壞之有？惟無所住則靈，靈則物來順應，是無息也。既無息，何滅之有？

這才能保全住這個「至誠無息之理」、「金剛不壞之性」。**⑭**

摒棄了一切二法對待與二元對立，順著「善惡未分之前」**⑮**的「童心」而行，毫不猶豫、絕無牽掛，如卓吾所說「不必矯情，不必逆性，不必昧心，不必抑志，直心而動」，就稱得上是「真佛」。**⑯**

---

⑬ 李贄：《續焚書》，卷二，〈金剛經說〉，頁73。

⑭ 李贄：《續焚書》，卷二，〈金剛經說〉，頁73–74。卓吾在此處沿用了「誠意」、「正心」這一組詞彙，他的目的顯然是為了要牽合儒、釋兩家。他的立場，與王畿「若悟得心是無善無惡之心，意即是無善無惡之意，知即是無善無惡之知，物即是無善無惡之物」（把本體界的心體與實踐界的意動——也就是「能」與「所」，這兩方面打成一片）的立場，仍是相一致的。

⑮ 李贄：《焚書》，卷一，〈又答京友〉，頁23。

⑯ 李贄：《焚書》，卷二，〈為黃安二上人三首・失言三首〉，頁82。

這事實上是卓吾所以能脫離「苦海」、擺脫六道輪迴的唯一途徑；是他為了達成自我救渡這個目標，必須在日常生活中身體力行的一項工作。卓吾的「童心」說，把傳統儒家的道德認識型態的心，加以改頭換面；從卓吾的立場來看，也可以說：他把原本束縛著人心的道德枷鎖一舉而振脫了。「童心」對於「道德心」的偷樑換柱，配合著「存在主體」對於「道德主體」的偷樑換柱，結果就是：屬於「個體性」範疇的私欲，被當作是自然的情性，而受到接納與認可。原先對於「道德主體」而言，不具有結構性意義的私欲，現在順著「道德心」的瓦解冰消，終於在卓吾思想的整個結構上，獲得了不可或缺、不容忽視的應有地位。明乎此，當我們猛然在中國思想史的脈絡中，看到卓吾「夫私者人之心也。人必有私而後其心乃見，若無私則無心矣」⓱的命題時，就不會有突兀、意外之感了。更明確的說，在卓吾思想的架構裏，「童心」乃至私欲的發揚，成了卓吾身陷「苦海」中，唯一的救贖之道；在卓吾之學中，這是不可或缺的一個成份。

卓吾根據「夫私者人之心也」這個命題，來解釋《孟子》〈寡人有疾〉一節。他以為孟子的本意，是要齊宣王「真知吾之好色」、「真知吾之好貨」、「真知吾之好勇」，而「勿以好色為疾」、「勿以好貨為疾」、「勿以好勇為疾」。凡所謂「疾」，如「好色」、「好貨」、「好勇」之類，「皆是自獨知而來，皆是自真真心意所發而來，不肯一毫瞞人者，非意誠而何？」卓吾稱此等欲望是「實意」，是「真知」。如果我們把這些欲望看作是「疾」，不肯承認這類欲望之合乎理性，反而想把自己的這類欲望趕盡殺絕：「自以為疾而欲去之」，對他人的欲望亦全盤否定，而不能「容人之疾」、「容百姓之疾」；結

⓱ 李贄：《藏書》，下冊，卷三二，〈德業儒臣後論〉，頁544。

果必定是「自己之疾又不能去，終不免瞞昧以過日」，「百姓之疾又
欲如法以去之，而曰爾何以好色好貨好勇，而犯吾之所疾惡為也」。
卓吾批判這種作法是「自欺」、「欺人」。 ❽他責備那些持「無私之
說」者，都只是「架空而臆說」； 是「畫餅之談，觀場之見，但令
隔壁好聽，不管腳跟虛實。無益於事，只亂聰耳，不足采也」。 卓
吾進一步說明「私」是一切活動的原動力：

> 如服田者，私有秋之獲而後治田必力；居家者，私積倉之獲
> 而後治家必力；為學者，私進取之獲而後舉業之治也必力。
> 故官人而不私以祿，則雖召之，必不來矣；苟無高爵，則雖
> 勸之，必不至矣。

即使如孔子之聖，「苟無司寇之任，相事之攝，必不能一日安其身
於魯也決矣」。❾卓吾對於「聖人不欲富貴」的說法，是極不以為然
的。他以為「富與貴是人之所欲」，雖孔子亦不能例外。正因為此，
所以孔子「相魯」，「僅僅三月，能幾何時？而素衣麑裘黃衣狐裘緇
衣羔裘等，至富貴享也；禦寒之裘不一而足，褚裘之飾不一而襲。
凡載在鄉黨者，此類多矣」。所以卓吾以為：「謂聖人不欲富貴，未
之有也」。❿不但孔子如此，其他聖人亦其不皆然。如伯夷，是「能
讓千乘之聖人」，然而「聞西伯善養老，則自北海而往歸之」；姜太
公則是「鷹揚之聖人」， 然而「時未得志，則自東海而來就養於文
王」。卓吾因而得出「雖大聖人不能無勢利之心」的結論。 ㉑

---

❽　李贄：《明燈道古錄》，卷上，十八章，頁42b–46a。

❾　李贄：《藏書》，下冊，卷三二，〈德業儒臣後論〉，頁544。

❿　李贄：《明燈道古錄》，卷上，九章，頁19a。

　　對於「私」的肯定，連帶也促使卓吾重視身體方面的欲望與需要。卓吾把人間種種歸納為「穿衣吃飯」兩件事，正是他這種想法的表現。他說：「穿衣吃飯，即是人倫物理；除卻穿衣吃飯，無倫物矣」。在「穿衣吃飯」以外，別無「所謂種種絕與百姓不相同者」。㉒對於情欲，卓吾也並未完全排斥。袁中道說他「本屏絕聲色，視情欲如糞土人也。而愛憐光景，於花月兒女之情狀亦極其賞玩，若借以文其寂寞」。㉓卓吾雖然「視情欲如糞土」，卻顯然不是極度嚴苛的禁欲主義者。周柳塘曾有「卓吾狎妓」的記載，耿天臺也談到「卓吾曾強其弟狎妓」。㉔關於前者，卓吾自謂「游戲三昧，出入於花街柳市之間」；㉕關於後者，卓吾的解釋是：「弟輩」「棄妻孥從我於數千里之外」，「心實憐之，故自體念之耳」。㉖這些言論與行徑，都可以證明卓吾絕不輕視身體方面的欲望。

　　由於對於「私」、對於「勢利之心」、對於「情欲」㉗、聲色的肯定，所以卓吾對於道德規範，也就抱持著以下的見解：他主張「聲色之來，發於情性，由乎自然」；所謂「發乎情，止乎禮」的意思是，「自然發於情性，則自然止乎禮義，非情性之外復有禮義可止也」。㉘道德規範與「自然之性」同步，常止於「自然之性」之所止處。他拒斥一切外來的道德規範，指之為「非禮」；而肯定內在自

㉑　李贄：《明燈道古錄》，卷上，十章，頁22b–23a。

㉒　李贄：《焚書》，卷一，〈答鄧石陽〉，頁4。

㉓　袁中道：〈李溫陵傳〉，收入《焚書》，書前，頁6。

㉔　李贄：《焚書》，增補一，〈答周柳塘〉，頁260–261。

㉕　李贄：《焚書》，增補一，〈答周二魯〉，頁259。

㉖　李贄：《焚書》，增補一，〈答周柳塘〉，頁262。

㉗　耿定向：《耿天臺先生文集》，第1冊，卷三，頁61b。

㉘　李贄：《焚書》，卷三，〈讀律膚說〉，頁132。

發的情性，視之為「禮」。所以他會這樣說：

> 蓋由中而出者謂之禮，從外而入者謂之非禮；從天降者謂之
> 禮，從人得者謂之非禮；由不學、不慮、不思、不勉、不識、
> 不知而至者謂之禮，由耳目聞見、心思測度、前言往行、彷
> 彿比擬而至者謂之非禮。[29]

也正由於這種觀點，卓吾聲稱：「自然之性，乃是自然真道學」，[30]
以有別於「假道學」。 在此處值得注意的，是「自然之性」如果被
絕對化，反而會造成不自然的後果。丸山真男在解說本居宣長
(1730–1801) 的思想時，就認為對於「自然」的堅持如果形成一種
"ism"（主義），人的內在情性，就會以「當為」的姿態出現；於是
「流動的心情，再度向固定的規制順服下來，而心情的純粹發露，
亦即告消失」。[31] 換言之，假如徹底地、毫不保留地堅持「自然之性」
的立場，把「自然之性」看成一種規範，信守不渝、絕不通融；「自
然之性」本身就會僵死，而成了教條。卓吾之學的確涵蘊著這種可
能性，這可以從袁中道所敘常志和尚的故事中略窺端倪。常志是卓
吾的侍者，卓吾「常稱其有志，數加贊歎鼓舞之」。 常志「每見龍
湖（按：即卓吾）稱說《水滸》諸人為豪傑，且以魯智深為真修行，
而笑不吃狗肉諸長老為迂腐。一一作實法會，初尚恂恂不覺；久之，
與其儕伍有小忿，遂欲放火燒屋。龍湖聞之大駭，微數之，即歎曰：
『李老子，不如五臺山智真長老遠矣。智真長老能容魯智深，老子

---

[29] 李贄：《焚書》，卷三，〈四勿說〉，頁101。

[30] 李贄：《續焚書》，卷三，〈孔融有自然之性〉，頁92。

[31] 丸山真男著，徐白、包滄瀾譯：《日本政治思想史研究》，頁215。

獨不能容我乎?」時時欲學智深行徑。龍湖性褊多嗔，見其如此，
恨甚，乃令人往麻城招楊鳳里至右轄處，乞一郵符，押送之歸湖上。
道中見郵卒牽馬稍遲，怒目大罵曰:『汝有幾顆頭?』其可笑如
此」。❸卓吾與常志的凶終隙末，其實正是出於常志把卓吾之教中的
「自然之性」，絕對化、教條化到卓吾不堪忍受之程度的結果。也
許正因為這類的經驗，卓吾對於「自然之性」或將被教條化的可能，
有了戒懼之心。所以他在論「自然之性」時，特別加上了以下的按
語:

> 莫不有情，莫不有性，而可以一律求之哉? 然則所謂自然者，
> 非有意為自然而遂以為自然也。若有意為自然，則與矯強何
> 異? 故自然之道，未易言也。❸

　　基於對「自然之性」的肯定，卓吾終於標舉出「佛以情欲為性
命」這樣的命題。❸「情欲」既是我們的本性，則只要把所有障蔽
本性的外在規範擯棄，直心而動，順性而行，就足以稱佛了。卓吾
說:「蓋言成佛者，佛本自成; 若言成佛，已是不中理之談矣。況
欲發願以成之哉! 成佛者，成無佛可成之佛，此千佛萬佛之所同
也」。❸他又說:「見性者，見自性阿彌陀佛也。見自性阿彌陀佛了，
即是成佛了，亦無別有佛可成也」。❸成佛的一切根據，都在我們自

❸　收入陳文新譯注:《日記四種》(武漢: 湖北辭書出版社，1997)，袁中
　　道:《游居柿錄》，卷九，頁254。

❸　李贄:《焚書》，卷三，〈讀律膚說〉，頁133。

❸　耿定向:《耿天臺先生文集》，第1冊，卷三，頁61b。

❸　李贄:《焚書》，卷四，〈觀音問・答澹然師〉，頁167。

己身上；成佛的方法，則是剖斗折衡，除去所有妨礙「自然之性」發展的外在規範，回到「善惡未分之前」的本性。這種看法的直接歸結，就是人人都可以成佛。卓吾再三強調「即心是佛，人人是佛」，❸ 正是為了表明這個道理。

所謂「自然之性」， 其實正是「天道」在人身上的體現。卓吾引述《中庸》上的「思知人，不可以不知天」；❸並補充道：「思知天，不可以不知人」。「天」與「人」之間，具有一種相連續的關係。卓吾更進一步解釋了「天道」與「人道」：「天道」云云，指的是「不勉不思而從容自中，所謂誠者也」；「誠者，其道自然，是謂至善，是以謂之天也」。而「人道」云云，「則必詳擇此不勉不思、從容自中之善，而固執之不敢失，所謂誠者也」；「誠之者，之其所自然，是謂擇善，是以謂之人也」。所謂「道」， 就是「自然」。就其「超越」義而言，謂之為「天道」； 就其「內在」義而言，謂之為「人道」。卓吾認為：「天固未始不為人，人亦未始不為天」。在心性之學方面，卓吾的思想仍兼具「超越」、「內在」二義，這與傳統儒家是一致的。❸

在形式與結構上，兼具「超越」、「內在」二義，就這一點而言，傳統儒家與卓吾思想是無分軒輊的。但就內容而言，兩者卻各有所偏。傳統儒家所謂「天道」， 內在於人性，指的是與五倫相應的道德之性；從儒者的角度看來，在五倫關係網絡中的克盡厥責，正是「天道」的自然流露，這是再自然不過的事。而卓吾所謂「天道」，

---

❸ 李贄：《焚書》，卷四，〈豫約〉，頁184。
❸ 李贄：《焚書》，卷一，〈答耿司寇〉，頁31。
❸ 朱熹：《四書集注》，〈中庸〉，第二十章，頁12b。
❸ 李贄：《明燈道古錄》，卷下，十六章，頁31a–31b。

內在於人性，則指的是「自然之性」；「自然之性」所必然顛覆掉的，
正是一切外在的、既定的道德規範。在卓吾思想中，他的「自然」，
終於取代了傳統儒家的自然。

在此處必須點明「自然之性」的一個重要作用。事實上，傳統
的佛、道二氏，──正如卓吾一般，一直把人視為「存在主體」。但
一般的佛、道二家，其「存在主體」，在修道的過程中，卻註定要
被解消掉，以與絕對的、普遍的「道」合而為一。換言之，佛、道
的「存在主體」，只在「我」自覺到自己的存在處境，並有心向「道」
的那一刻存在；其後便在求「道」時，漸次消融、終於不見了。如
唐君毅在說明莊子的「自忘」時，所曾經指出的：「自忘介及時，
以個體存在之自我意識即時消除」。❹這正是為甚麼佛、道兩家對於
中國的社會結構，不能產生甚麼影響的主因。──佛、道二氏的
「我」，其最終目標，是要消滅「個體存在之自我意識」。在佛、道
二家裏，作為「存在主體」的「我」，並沒有留在人間的意志；因
而也不能對於這個人世發生任何存心的、有意的影響。

反之，卓吾的「自然之性」，由於肯定「私」、肯定「情欲」，並
以釋放出「自然之性」為其修「道」的主要目的──「自然之性」，
其實就是內在於人的「道」，只要能夠解放出「自然之性」，就能夠
得到解脫，就能夠「成佛」，也就能夠「了生死」；──因而產生了
一種剎車作用：剎住在傳統的佛、道二氏中「存在主體」逐漸解消
的趨勢，把「存在主體」保留在此世，並使得它始終具有現世的、
人間的性質。在卓吾之學中，「存在主體」會以求解脫的激情來追

---

❹ 唐君毅著，黎登鑫譯：〈中國方法論中之個人與世界〉，收入東海大學
哲學系編譯：《中國人的心靈──中國哲學與文化要義》（臺北：聯經
出版公司，1984），頁249–269。請參看頁257–261的討論。

求「自然之性」的展現，因而也就永遠顯現出一種俗世的精神。

卓吾的這個俗世化的特色，從佛教內部的立場看來，最是顯豁。與卓吾同時，然而後死的雲棲袾宏（蓮池大師），在追論他所謂卓吾的「取死之道」時，就責備他「不持齋素而事宰殺，不處山林而遊朝市，不潛心內典而著述外書」；他甚至以為卓吾的橫死早在意料之中：「即正首丘，吾必以為倖而免」。❹卓吾雖然是一位不折不扣的佛教徒，但他與傳統的佛教僧侶其實是相當不同的──卓吾的態度是俗世化的，而如袾宏這般的僧侶則仍然主張出世。這兩種態度生出分歧的歧出點，正在於卓吾所謂的「自然之性」。

這種稟賦有「自然之性」，因此永不致於解消掉、而始終留在此世的「主體」，我們或可稱之為「自然人」。

第二節　「人欲」的難題與解決

在卓吾思想中，伴隨著對於「人欲」之肯定而出現的，是一種隱約的不安之感。

在上一節中曾經交待過：超越的「天道」，內在於人性，就稱之為「自然之性」。作為救贖方式的「成佛」之道，就是放任「善惡未分之前」的「自然之性」自然發露。然而，卓吾對於他所積極肯定的「自然之性」中的「人欲」，所懷有的不安之感，卻透露出他的兼有「超越」、「內在」二義的思想體系，在心性之學方面，正如在存有論方面，具有無比的緊張性。

就存有論而言，緊張性來自於「苦海」與「彼岸」之間不即不

---

❹　雲棲袾宏：《蓮池大師全集》，第4冊，〈竹窗三筆・李卓吾二〉，頁25b–26a。

離的關係；這種關係使得卓吾既必須就「苦海」而顯「彼岸」，　又得時時提防「彼岸」在「苦海」中滅頂。

就心性之學而言，緊張性則來自於卓吾對於「人欲」的疑慮：救贖之道在於「自然之性」——「人欲」為其中的一部份內容——的自然展現，而「人欲」卻可能成為尋求救贖的陷阱；換言之，卓吾既必須在「人欲」的自然流露處尋找救贖，同時又得提防「人欲」的自然流露成了陷人的深坑。事實上，卓吾思想在心性之學方面的緊張性，仍是由「超越」義的「天道」與「內在」義的「人道」（「自然之性」）間之糾葛所造成的。在由「天道」貫注於人身而來的「人道」（「自然之性」）中，存在有一些雜質，這些雜質足以解消「道」的本身；那幫助「我」登向「彼岸」的「自然之性」（也就是「人欲」），　其中的某些成份，具有「苦海」的性質。「人欲」既是卓吾尋找救贖時的戰友，也是隨時可能倒戈相向的敵人。既是「求道」、　向「彼岸」前進時的伴侶；但也隨時會轉成來自於「苦海」陣營的奸細。

林毓生曾經指出儒家「內在超越」的思想形式，在心性之學上所可能造成的流弊：

> （儒家）「內在超越」的觀念中，雖然在純理論的層次上有「內在」與「超越」之間的緊張性，但「內在超越」的觀念確有滑落至特別強調一切來自「內在」的傾向。

結果就是：「儒家傳統中並沒有強大的思想資源阻止儒者強調人的內在力量幾至無限的地步」。「這種傾向在儒家傳統中直接導致把道德與思想當作人間各種秩序的泉源與基礎的看法，以及遇到了困難的

社會問題，便以『藉思想、文化以解決問題的方法』對付之」。❷
我們若以儒家思想在現實上的這個傾向當作對照項，而與卓吾之學
相比較，就會發現：由於卓吾思想中「人欲」所形成的問題，使得
卓吾必須時時在「人欲」的自然展露中，提防落入「人欲」的陷阱；
結果就是卓吾的緊張性劇烈到了儒家難以望其項背的程度。與儒家
相對照：卓吾對於人性的複雜面，體會得較為深刻，對人性較不信
任；現實上也較不易過度強調人的內在力量。

對卓吾而言，「人欲」的自然流露，可能造成的直接後果，就
是對於此世的愛執。這種愛執，正是使得芸芸眾生沉溺於「苦海」
之中，不得跳脫生死輪迴的主因。卓吾指出：「大地眾生」，類皆「見
小而欲速」者，「所見在形骸之內，而形骸之外則不見也；所欲在
數十世之久，而萬億世數則不欲也」。❸

其次，卓吾並未否定相應於五倫的一些德性，也是「自然之性」
的部份內容。他說：「父子天性也。子而逆天，天性何在?」❹「義
固生於心也」。❺這些話頭，都足以說明卓吾的看法。所以，在他強
調「雖聖人不能無勢利之心」的同時，他也承認「雖盜跖不能無仁
義之心」。❻卓吾對這些德性的肯定，與他並未否認五倫關係之價值
的態度，是相一致的。問題是：當「自然之性」中「勢利」（也就
是「人欲」）的成份與「仁義」之類的成份相衝突時，那一種成份

---

❷ 林毓生：〈新儒家在中國推展民主的理論面臨的困境〉，收入林毓生：
《政治秩序與多元社會》（臺北：聯經出版公司，1989），頁337–349。
引文見頁347。

❸ 李贄：《焚書》，卷二，〈答劉方伯書〉，頁53。

❹ 李贄：《焚書》，卷五，〈阿寄傳〉，頁223。

❺ 李贄：《續焚書》，卷二，〈序篤義〉，頁64。

❻ 李贄：《明燈道古錄》，卷上，十章，頁22b。

才是更基本的「自然之性」? 如何調和其間的矛盾與對立?

卓吾對於這些可能的矛盾與對立，其實知之甚悉。他對「義」、「利」之別，作了清楚的分辨。他感歎道：「舉世皆嗜利，無嗜義者」。「嗜義則雖死猶生，而況幼孤之託，身家之寄，其又何辭也?」「嗜利則雖生猶死，則凡攘臂而奪之食，下石以滅其口，皆其能事矣」。❼卓吾雖然主張「聖人不能無勢利之心」，但他對於「嗜利」的傾向，是相當疑懼的。

由以上兩項因素形成的：對於「私」、「利」、「欲」等等「自然之性」的疑慮與戒懼，使得卓吾有此一歎：「其實一匹之夫，一匹之婦，衣食之供，所費幾何? 本自易足，而自不肯足」。卓吾推究原因，以為這是「多欲」所造成的結果；他說：「世之所以為財役者，亦起於多欲耳。心志之欲太廣，耳目口鼻之好無窮，故雖匹夫亦不免於聚斂也」。❽

針對「多欲」之害，卓吾設定了幾種方法，以使克治過度的欲望。

首先是要「寡欲」。在卓吾以前的何心隱，就提倡以「寡欲」來取代「無欲」，藉以為「欲」留一條生路；❾卓吾則在肯定了「私」、「利」、「欲」之後，反過來以「寡欲」對治「多欲」之弊。卓吾說：「古人無他巧妙，直以寡欲為養心之功，誠有味也」。❿在「無欲」的符號系統——如朱子所主張者——裏，雖然未必徹底摒斥欲望，❶但欲望畢竟只是邊緣性的東西，因而並不具備結構上的

---

❼　李贄：《焚書》，卷五，〈朋友篇〉，頁222。

❽　李贄：《明燈道古錄》，卷上，十章，頁22a。

❾　何心隱著，容肇祖整理：《何心隱集》，卷二，〈寡欲〉，頁40–41。

❿　李贄：《焚書》，卷一，〈答耿司寇〉，頁36。

意義；而在「寡欲」的符號系統裏，欲望是以結構性的方式被肯定的。「寡欲」之說，是可以與卓吾的思想體系相容的。❷

其次，卓吾認為「私」、「利」、「欲」應該被提高到較高級的層次。他告人不可「所愛只於七尺之軀，所知只於百年之內而已」；而應該明白「自己性命悠久，實與天地作配於無疆」，應該努力把原本限於此世的物質欲望昇高到另一個層面上，去「窮究自己生死根因，探討自家性命下落」。❸卓吾此說，顯然是把物質欲望與求「道」欲望之間的隔絕打通，認兩者間的層次雖然有別，但性質畢竟相同；所以可以以彼代此。這種思想模式，早在王陽明的思想中，就已經略見端倪。曾經有弟子問王陽明道：「己私難克，奈何？」陽明答道：「將汝己私來替汝克。」❹陽明以「己私」克治「己私」的做法，正是卓吾以求「道」欲望克治物質欲望的前驅。卓吾的做法，可以看作是陽明的做法的進一步發展。此一發展，也反映在卓吾對於董仲舒「正其誼（義）不謀其利，明其道不計其功」此一命題的批判中。卓吾指出：「義」與「道」本身，正是一種「功」與「利」。他質

---

❺❶ 陳榮捷：《朱子新探索》（臺北：學生書局，1988），〈朱子論天理人欲〉，頁255-267。

❺❷ 參考卓吾以後的陳確所下的評論：「周子（按：指周敦頤）無欲之教，不禪而禪。吾儒只言寡欲，不言無欲」。卓吾正處在這一個越來越重視「人欲」——而自克的方法也因而從「無欲」向著「寡欲」的方向發展——的思潮之中。陳確的話，轉引自黃宗羲：〈陳乾初先生墓誌銘〉，收入陳確：《陳確集》（臺北：漢京文化公司，1984），第1冊，首卷，頁7。

❺❸ 李贄：《續焚書》，卷一，〈答馬歷山〉，頁1。

❺❹ 王陽明著，陳榮捷註評：《王陽明傳習錄詳註集評》，卷上，第122條，頁145。

問：「且夫天下曷嘗有不計功謀利之人哉？若不是真實知其有利益於我，可以成吾之大功，則烏用正義明道為耶？」他並借用董仲舒論災異一事，點出董氏命題的矛盾：「今觀仲舒不計功謀利之云，似矣。而以明災異下獄論死，何也？夫欲明災異，是欲計利而避害也。今既不肯計功謀利矣，而欲明災異者何也？既欲明災異以求免於害，而又謂仁人不計利，謂越無一人又何也？所言自相矛盾矣」。❺❺從陽明以來的這項發展，可以看作是「天理」與「人欲」、「道義」與「功利」這些對立項重新盤整的過程。王陽明雖然還說過「必欲此心純乎天理，而無一毫人欲之私。此作聖之功也」，❺❻以及「須是平日好色、好利、好名等項一應私心，掃除蕩滌，無復纖毫留滯。而此心全體廓然，純是天理」❺❼這樣的話；但從他要以「己私」克治「己私」的言語裏，我們大約可以看出：陽明已經隱約感到：「私」並不是那麼同質的、純粹的、必徹底加以拒斥的負面物──有某一些成份的「私」是應當被接納的。在王學此後的發展中，「天理」、「人欲」逐漸不再被視為絕對相衝突的對立項，兩者的性質也逐漸不再勢不兩立，而有彼此揉合、重作分配的趨勢。此一趨勢，一方面促成了對於「私」與「欲」的肯定，另一方面也形成了以此「私」克治彼「私」、以此「欲」克治彼「欲」的策略。卓吾正是此一發展中的一環。

　　「寡欲」以及取此「欲」以代彼「欲」這兩種克治欲望的方法，

---

❺❺　李贄：《焚書》，卷五，〈賈誼〉，頁202。

❺❻　王陽明著，陳榮捷註評：《王陽明傳習錄詳註集評》，卷中，第161條，頁227。

❺❼　王陽明著，陳榮捷註評：《王陽明傳習錄詳註集評》，卷上，第76條，頁104。

因為並未將「欲」趕盡殺絕，仍然在結構上承認「私」或「欲」為人之所本有，故並未踰越卓吾思想的矩矱，而可以與卓吾的符號系統彼此相容。

除了這兩個並未脫離卓吾之學矩矱的方法外，卓吾還援用了另一個與他本人的理論格格不入的方法，以解決「人欲」的難題。以下即以此為焦點，略略加以分析。

卓吾說過：「雖大聖人不能無勢利之心。則知勢利之心，亦吾人稟賦之自然矣」。❺❽因為「勢利之心」也是「吾人稟賦之自然」，所以卓吾心目中的聖人，就不再是陽明所謂「純乎天理，而無一毫人欲之私」。同樣的，他心目中的「盜跖」，也不再是混身私欲；依他看來，在「盜跖」身上，也找得到所謂「仁義之心」。卓吾說：「盜跖至橫暴也。然或過孝子之廬則不入，或聞貞士之邑則散去，或平生一受其惠，則百計投報之不少忘。此皆仁義之心，根於天性，不可雍遏。而謂盜跖無仁義之心，可乎?」❺❾以卓吾觀之，聖人與盜跖，並不是兩個絕對的極端；兩者之異，不是質的不同，而是量的不同——是「仁義之心」與「勢利之心」在比例分配上多寡互見的結果罷了。卓吾顯然認為：分毫「勢利之心」都沒有的聖人，與分毫「仁義之心」都沒有的盜跖，都是難以想像的。所以卓吾說出了這樣的話：

> 雖聖人，不能無勢利之心。
>
> 雖盜跖，不能無仁義之心。
>
> 但就其多寡論之，於是乎有聖人，又有盜跖。遂至懸絕耳。❻⓿

---

❺❽　李贄:《明燈道古錄》，卷上，十章，頁23a。

❺❾　李贄:《明燈道古錄》，卷上，十章，頁23a–23b。

根據同樣的理由，卓吾把舉世之人分成三等：「上智」、「下愚」，以
及「中人」。卓吾指出：「若五分勢利、五分仁義，便是中人。中人
可移而上下」；「天下唯中人最多，亦唯中人為可移」。「中人以上」，
就是「上智」；「中人以下」，便是「下愚」。「上智」與「下愚」，正
如「聖人」與「盜跖」一般，不可能是「仁義之心」與「勢利之心」
彼此鬥個你死我活，全勝或全敗的結果。在卓吾的人性論中，「仁
義之心」與「勢利之心」，都是「吾人稟賦之自然」，「根於天性，
不可雍遏」，兩者都必不可少。所以卓吾會說：「豈必十分仁義而後
為上智，十分勢利而後為下愚哉」？「上智」與「下愚」之間，並不
作天淵之懸隔：在「仁義」上加一分，便足以為「上智」；在「勢
利」上加一分，就淪而為「下愚」。這樣的「上智」與「下愚」，這
樣的「聖人」與「盜跖」，正是「天理」與「人欲」、「仁義」與「勢
利」這些對立組中的兩極，正在重新盤整、相互滲透的證據。這樣
的「聖人」與「盜跖」，這樣的「上智」和「下愚」，在卓吾的符號
系統中，毋寧是理所當然的。

　　然而，這種不具有質的分別，只具有量的分別的「聖人」、「盜
跖」觀，並不表示卓吾把成聖之道（對於卓吾而言，也就是解脫之
道）看得過於輕易。事實上，卓吾對於成聖的困難知之甚切，這從
他對「唯上智與下愚不移」這句話的解釋，便可以看得出來。他說：
「豈必十分仁義而後為上智，十分勢利而後為下愚哉？但於勢利上
加一分，便不可移而之上；但於仁義上加一分，便不可移而之下」；
「故上智下愚，只爭一分耳」。雖然僅此「一分」，卻是「天之所獨
厚」。對於「上智」而言，「雖曰只重一分，然即此一分，便有泰山
之重，不可動搖，矧可移奪耶？」對於「下愚」而言，「下愚之勢利，

---

⑥　李贄：《明燈道古錄》，卷上，十章，頁23a–23b。

雖曰亦只重得一分，然即此一分，便有河海之深，不可傾渴，矧可移奪耶？」無論「上智」與「下愚」，都是江山易改，本性（此處指的是「仁義之心」與「勢利之心」在分配上的固定比例）難移。卓吾甚至認為：後天的習染，在這種難移之本性的基礎上，也只能有強化、深化各人所具有的本性（「仁義之心」與「勢利之心」的固定比值）之作用，而難有改變本性之功效。所以他以為：「上智」是「雖無文王猶興；自能學而時習，傳而必習也」。「下愚」則「吾末如之何也矣；所謂雖聖人與居，不能化而入也。而自然同惡以相濟，積習以至此矣。是亦習也」。在卓吾的這套看法中，「上智」由於「天之所獨厚」，而成為天定的選民。「下愚」亦因為「天之所獨厚」，而完全沒有改良本性的可能。我們在此處看到了卓吾對於人類進德事業（也就是卓吾的解脫事業）所懷有的深刻的悲觀。在這套符號系統中，卓吾唯對「中人」特寄厚望。他說過：「天下唯中人最多，亦唯中人為可移」。他鼓勵他的弟子：「吾子無他度量。只自度其一分者，是多一分勢利乎？抑多一分仁義乎？多則不可移易矣。不多而僅僅五分，無有輕重，是正可移，是正可習。吾大為吾子喜之」。

　　然而，我們從這裏，已約略可以偵測到卓吾之學於此處所存在的矛盾，已漸漸浮現出來了。他對於「上智」、「下愚」的描述，他為「中人」所設計的進德成聖的方法，都是以一個與他的思想格局格格不入、毫不相容的體系為架構的。他要學者習而向上，把「勢利之心」完全去掉，成為懷有「十分」「仁義之心」的「聖人」；而不可習而向下，成了藏有「十分」「勢利之心」的「盜跖」。他的矛盾，清楚而具體地顯現在下引的文字中：

　　習之而愈上，不可復下；習之而愈下，不可復上。遂亦各成

就至於十分耳。

嗚呼！其初也，本只有一分之差，若不遠而甚近，故曰性相近。而其終遂至於十分差別，一為聖人，一為盜跖，天淵懸絕也如此。 ❻

到了最後，原來只是「仁義之心」與「勢利之心」在分配上比值有別的「聖人」與「盜跖」，原來只有「一分之差」這種量的差別的「聖人」與「盜跖」，終於成為有了「十分差別」的兩極，而開始產生了質的天壤之別。此處的矛盾，絕不只是偶然或意外，而蘊涵了深刻的思想史上的意義。

我們把卓吾此一前後矛盾的文字，放在思想史的脈絡中來考察。在卓吾以前，王陽明還要求學者要追求「必欲此心純乎天理，而無一毫人欲之私」，把「天理」、「人欲」當作是相對立的兩極。在卓吾以後，則有陳確 (1604-1677) 提出「天理正從人欲中見。人欲恰好處，即天理也」的命題。 ❻ 王陽明與陳確之間的分別，在於前者把「人欲」看作是一義性的東西，「人欲」全體，都是惡的、負面的，所以必須加以結構性的拒斥；而後者則已經視「人欲」為多義性的東西：有恰到好處的「人欲」，也有脫離軌度的「人欲」。

卓吾肯定「欲」是「不容已之真本心」， ❻ 承認「勢利之心」是「吾人稟賦之自然」；就此而言，他預示了陳確及後人所發展出來的新方向──「人欲」是多義性的。但當卓吾主張「聖人」與「盜

---

❻　李贄：《明燈道古錄》，卷上，十章，頁21a-25b。

❻　轉引自黃宗羲：〈陳乾初先生墓誌銘〉，收入陳確：《陳確集》，第1冊，首卷，頁7。

❻　李贄：《焚書》，卷一，〈答耿司寇〉，頁36。

跙」之間存有「十分差別」， 是「天淵懸絕」時，他顯然仍舊接受了「人欲」的一義性，而把「人欲」在結構上看作是必須趕盡殺絕、「一分」不剩的負面物；就此而言，他又仍然處在當時傳統的籠罩下。從他既肯定「人欲」，又對「人欲」戒慎恐懼的這種態度看來，他當然已經意識到「人欲」不是一個單純的一義性的東西；但他仍然尚未能完全發展出「人欲」的多義性概念。

正因為如此，在卓吾警覺到「人欲」所可能帶來的問題時，他除了藉助於「寡欲」與以此「欲」取代彼「欲」這兩個尚未脫離其學矩矱的方法外；由於他還沒有完全發展出「人欲」的多義性概念，所以他仍然乞靈於「存天理，去人欲」的老架構，來解決「人欲」所造成的問題。而這第三種方法，與卓吾之學是根本方柄圓鑿、互相矛盾的，因之也完全脫離了卓吾之學的範圍。

在原來「存天理，去人欲」的老架構中，因為「天理」與「人欲」是絕對對立的一組概念，所以如王陽明所謂「必欲此心純乎天理，而無一毫人欲之私」， 是可以說得通的。但卓吾援引了此一架構後，卻作了一個重大的修改：先前勢不兩立的「天理」與「人欲」，被卓吾改換成了「仁義之心」與「勢利之心」。 如上文所言，兩者都是「吾人稟賦之自然」，「根於天性，不可壅遏」； 從而，原先勢不兩立的關係，也轉變成互相配合的關係。兩者明明不是可以鬥個你死我活、或全勝或全敗的兩極，卻又安上了朱子所謂「天理存則人欲亡，人欲勝則天理滅；未有天理、人欲夾雜者」❻的架子；如此一來，就得出與前題格格不入的「各成就至於十分耳」的結果，而顯得古怪，乃至於矛盾了。

此一矛盾，顯示了卓吾正處於「存天理，去人欲」以及「人欲

---

❻　見朱熹：《朱子語類》，上冊，卷十三，總頁89。

恰好處，即天理也」兩種命題之間的過渡處；卓吾正站在這兩種說法交叉而成的十字路口上。另外，這也反映了卓吾對於「人欲」實在無從放心；也正由於此，卓吾在肯定了「人欲」，又認「財勢」為「大聖人之所必用」以後，還是說出了「世之君子，只宜抽身財利之外，不染不淄，乃得脫然無累」這樣的話來。⑥⑤「人欲」仍然被列為非類；對於「財利」，應該絕不沾手，才能「不染不淄」、「脫然無累」。

雖然卓吾之學於此處不經意現出了裂隙，但唯其是不經意的裂隙，所以並未能有撼動卓吾思想整個基本結構的作用。然而，此一裂隙畢竟存留了下來，在卓吾以後的思想史發展中，終於有了妥善的解決。

既為解脫之道、又是陷人深坑的「人欲」，為何會如此頑強地抗拒「道」與「彼岸」的控御？這一關鍵，就成為時時以解脫為念的卓吾不能迴避的難題。事實上，如何辨識「人欲」中的「道」與非「道」，如何分別「人欲」中的解脫之道與陷人深坑，成了尋找解脫時必得面對的問題。⑥⑥卓吾因此必須進入人心的最幽微處，以探究「人欲」的真相。以下就是一例，足以說明卓吾如何省察「人欲」的多重面目。

也許可以這樣說：正由於卓吾學問的基本結構肯定了「人欲」，也並不徹底排斥「人欲」，所以反而能夠正眼逼視「人欲」與「天理」交纏的複雜性。卓吾固然仍舊對於「人欲」多所疑懼，固然尚未釐清「人欲」的多義性；但他總算看到了「人欲」也有合於「天

---

⑥⑤　李贄：《明燈道古錄》，卷上，十章，頁22a。

⑥⑥　當然，這也正是卓吾之所以總是懷有「不歇的緊張、焦慮感」的原因。請參看本書相關章節的討論。

理」之處。同樣的，在另一方面，他也看出了——我們或可反用陳確「人欲恰好處，即天理也」的話頭——「天理」之不能「恰好」處，就是一種「人欲」。卓吾曾就君、臣關係而發是言：「主欲聖而臣欲忠，夫誰獨無欲者？今臣欲忠而不以聖歸其主，主欲聖而不以忠與其臣，夫是以愈相持而愈不相值耳」。 ❻君與臣互爭「天理」，各據一德，互不相讓；反而透露出在道貌岸然的「天理」底下，其實正是一片「人欲」。卓吾顯然以為：有德較易，「讓德」則難。他因而有此一歎：「天下唯讓德為難」。❻在卓吾的邏輯裏，過份的道德，就是不道德。不道德大有可能裝扮成道德，而道貌岸然地登場。「人欲」是會以「天理」的面目出現的。卓吾這種對於人性陰暗面的深刻洞察，遠遠超過了他以前的理學先驅。他自己也曾經夫子自道過：「我之惡惡雖嚴，然非實察其心術之微，則不敢有惡也」。❻他對於人性的體會，委實深入了「心術之微」。 從卓吾身上，我們目睹了歷史弔詭的性質——結構性地徹底拒斥「人欲」者——如朱子等人，對於人性的瞭解，反而較為天真。而肯定「人欲」的卓吾，對於人性的洞識，卻達到了無比的深度。

❻　李贄：《藏書》，上冊，卷九，〈大臣傳・結主大臣・公孫弘〉，頁164。

❻　李贄：《明燈道古錄》，卷上，十三章，頁35a。

❻　李贄：《焚書》，卷四，〈八物〉，頁159。

第六章　萬人競技場

　　在卓吾思想中，這個既與「道」相關聯、又與「道」相敵對的世界，該如何看待？

　　西方的一些社會學家，在探究歐洲中世紀的封建制度如何孕生出近代的市民社會時，曾經以種種模式來解釋其演變的過程。如「由身份走向契約」、「由自然而必然的社會(Societates Necessariae)走向由人們自由意志而創設的社會(Societates Voluntariae)」。丸山真男根據這一類說法而建構出人類社會結合的兩種型態：

　　第一種是個人託身於命運所賦予的團體裏，其結合方式有著固定而客觀的模式。如家庭。

　　第二種是個人具有某種意圖，為達成其目的而去結成新的社會關係；其結合之方式，不存在任何客觀的定型，乃應乎目的之多樣性而採取隨意的型態。如政黨與學會。

　　這兩種型態，事實上存在於每一個時代的社會中。但就其精神而論，若以前者為範，擴大到整個社會，使整個社會以擬血緣的方式結合起來，則可以說：這是前近代社會的精神表徵。如果以後者為基型，使得社會關係儘可能向著人的自由意志之方向而成立，則可以說：其間流貫的精神，較接近於近代的市民社會。前近代社會，傾向於把既定的社會秩序，看作是自然的法則。近代市民社會，則

傾向於把人間的秩序當作是人造的產物。❶ 套句 Alexis de Tocqueville 的話：「人類到了這個時代，就好像永遠要比現狀還走前一步」。❷ 在前近代社會，秩序先於人；在近代社會，人先於秩序。

對於這樣的模式，在運用時——特別是施用於中國時，顯然必須非常小心，才不致衍生鹵莽滅裂、過度簡化、削史實之足以適理論之履的毛病。❸ 然而，只要能小心謹慎，此一模式，仍不失為一套足資參考的架構。本章即打算利用此一架構，探研卓吾思想中的社會觀。

在朱子的思想體系中，由五倫關係網絡所形成的社會秩序，是相等於天之經、地之義的人之倫。「我」（「道德主體」）的意義，只有在這個社會網絡裏才找得到。內在於「我」（「道德主體」）的人性中的，也正是相應於五倫的、由超越的「天道」貫注於人身的道德性。徹頭徹尾，由內而外，天經、地義、人倫一時並就。這種社會，較接近於丸山真男對於前近代社會的描寫。卓吾的「我」， 則以「存在主體」的姿態出現，並取代了「道德主體」； 就人的內在面而言，「自然之性」也取代了道德性。由這樣的「自然人」所組成的社會，是不可能與朱子的五倫關係網絡社會相同的。但卓吾心目中的社會，卻顯然與丸山氏所謂的近代社會，還存有相當一段距離。這在以下的論證中，可以逐漸浮現出來。

---

❶ 丸山真男著，徐白、包滄瀾譯：《日本政治思想史研究》，頁175–189。

❷ Alexis de Tocqueville 著，李宜培、湯新楣合譯：《美國的民主》 (*Democracy in America*)（香港：今日世界社，1968），下冊，頁14。

❸ 藉用類似的理論來說明中國的社會的例子，可見之於費孝通：《鄉土中國》（北京：三聯書店，1986），頁5。費氏所謂的「禮俗社會」與「法理社會」的分別，與丸山氏的說法，是極為類似的。

卓吾說：「夫道者，路也，不止一途；性者，心所生也，亦非止一種已也」。❹「道」與「性」，在卓吾心目中，是以多元的型態顯現在世間的。卓吾的「自然人」，各依其不同的性向而發展，結果必然是人人各現殊貌，並以其繁複多樣而豐富了整個世界。卓吾依人的性向，以類比的方式，把人分成了八種：

一、鳥獸草木：泛指一般凡俗之人。為類至夥，「然無有一羽毛一草木而不堪人世之用者」；「隨所取擇，總無棄物」。

二、樓臺殿閣：指「鳥獸草木」中的出類拔萃者。

三、芝草瑞蘭：「無用極矣，然其人固上帝之所篤生，未易材者也」。「雖無取於溫飽，而不可不謂之希奇也」。卓吾又比之為「好音」與「玩物」（古玩）。

四、青松翠柏：可以「傲霜雪」，亦足以「任棟樑」。「此海剛峰（按：即海瑞）之徒也」。

五、布帛菽粟：使人「易飽易煖」、「同飽同煖」。雖然至平常而不足奇，卻能「易簡而得理，無為而成化」。

六、千里八百：「千里之駒，一日而致」；「八百之牛，一日而程」。「世之任重致遠者，大率類此」。

七、江淮河海：「能生人又能殺人，能貧人又能富人」；「利者十五，而害者亦十五」。「必如曹孟德（按：即曹操）等，方可稱之為江淮河海之水」。

八、日月星辰：「智如日月，皎若辰星，照見大地，物物賦成」。「此一物者，實用八物，要當以此物為最也」。這一類人善於因才器使，「器使之下，可使無不獲之夫」。依卓吾看來，只有郭林宗（按：東漢的郭泰）、許子將（按：東漢

---

❹ 李贄：《焚書》，卷三，〈論政篇〉，頁87。

的許劭）、司馬德操（按：東漢的司馬徽）這些善於月旦人物的人，才稱得上是「日月星辰」。❺

卓吾的世界，正是這八種人共同演出的大舞臺。每一個人不妨量己之才、適己之性，各自發展自己、完成自己。卓吾謂：「或欲經世、或欲出世，或欲隱、或欲現，或剛、或柔，或可、或不可」；「或以博奕，或以妻子，或以功業，或以文章，或以富貴」；「各人各自有過活物件」。凡此種種，都是「吾人不齊之物情」，「聖人且任之矣」。❻由於尊重個人的個性，卓吾肯定每一種興趣與技能──只要這些興趣與技能發自於其人的「自然之性」，就足以稱之為「道」。卓吾批評楊升菴（即楊慎）(1488-1559)視「文章」為「末技」、「翰墨之藝」可以「累人」的說法；他說：「文章非末技」，「藝又安能累人？」「凡藝之極精者，皆神人也，況翰墨之為藝哉？」❼「苟能遊心於翰墨，蜚聲於文苑，能自馳騁，不落蹊徑，亦可玩適以共老也」。他又極尊重術數工技之士。他說：「技能可人，則有若琴師、射士、棋局、畫工其人焉」；「術數相將，則有若天文、地理、星歷、占卜其人焉」；這一類的匠人，「其技精，則其神王，決非拘牽齷齪、卑卑瑣瑣之徒所能到也」。❽他以石工於雕刻石碑之時，在石碑上自書姓名為例，主張「技」就是「道」：「鐫石，技也，亦道也」。他批評莊子「以道與技為二」，是錯誤的；他指出：「造聖則聖，入神則神，技即道耳」。「技」如果精緻到了極點，「至於神聖

---

❺ 李贄：《焚書》，卷四，〈八物〉，頁159-163。

❻ 李贄：《明燈道古錄》，卷上，十一章，頁29b-30a；《焚書》，卷一，〈答周友山〉，頁26。

❼ 李贄：《焚書》，卷五，〈逸少經濟〉、〈孔北海〉，頁214。

❽ 李贄：《焚書》，卷三，〈李生十交文〉，頁129。

所在之處，必有神物護持」；即使「千載而後」，「人猶愛惜」。石工之所以自書名字，是因為「身親為之」，「自愛惜也，不自知其為石工也」。卓吾聲言：像石工這樣的工匠，「神聖在我，技不得輕矣」。如果認石工為低賤，則「讀書作文亦賤也，寧獨鑴石之工乎？」 ❾所有的技藝，都不再是玩物喪志、壯夫不為的雕蟲小技。正因為卓吾正視百工的價值、肯定百工的平等，卓吾才會在《藏書》中專闢一卷（按：第四十六卷）〈藝學儒臣〉，為「字學」、「畫師」、「器藝」者流立傳。❿

　　在卓吾的世界裏，人人可以各依己性、各因其材，來發展自己、完成自己。已如上述。甚至連「小人」，　也可以在卓吾的世界據有一席之地：「夫天有陰陽，地有柔剛，人有君子，小人何可無也？」「君子固樂於嚮用矣，彼小人者獨甘心老死於黃臷乎？」 對於「小人」，不應該務必去之而後快；致使「小人」「無所」，「而使之有不平之恨」。 卓吾以為「小人」固天地之所生；「使小人而可以無所，則是天地有棄物，而慈母有棄子也」。⓫卓吾的理想世界，是一個人人各得其所、各遂所欲的世界。人人「只就其力之所能為與心之所欲為、勢之所必為者以聽之。則千萬其人者，各得其千萬人之心；千萬其心者，各遂其千萬人之欲。是謂物各付物，天地之所以因才而篤也，所謂萬物並育而不相害也」。「聽其並育，則大成大、小成小。天下更有一物之不得所者哉？ 是之謂『至齊』」。「天下之民，各遂其生，各獲其所願，有不格心歸化者，未之有也」。⓬卓吾主張

❾　李贄：《焚書》，卷五，〈樊敏碑後〉，頁216。

❿　李贄：《藏書》，下冊，卷四六，〈藝學儒臣〉，頁774–784。

⓫　李贄：《藏書》，上冊，卷十，〈大臣傳・容人大臣・文彥博〉，頁182–183。

⓬　李贄：《明燈道古錄》，卷上，十五章，頁39a–39b。

執政者應該「以人治人」，隨順人人之性；一切「條教禁約，皆不必用」。⑬「貪財者與之以祿，趨勢者與之以爵，強有力者與之以權，能者稱事而官，軟者夾持而使。有德者隆之虛位，但取具瞻；⑭高才者處以重任，不問出入」；「各從所好，各騁所長，無一人之不中用。何其事之易也？」⑮

對於各人個性的尊重，也表現在卓吾所主張的極端個人化的道德觀上。前文曾經討論過：卓吾毀棄一切外在的道德規範與是非標準，把一切善惡是非訴諸於「自然之性」；「自然」即善，不「自然」即惡，「自然」本身超越了一切善惡（所謂「至善」）。如此一來，由於「千萬其人者，各得其千萬人之心；千萬其心者，各遂其千萬人之欲」；於是就不免出現了千萬種道德觀。所以卓吾會說：「人之是非，初無定質；人之是非人也，亦無定論」；「無定質，則此是彼非，並育而不相害；無定論，則是此非彼，亦並行而不相悖矣」。⑯這種想法，可以從他對於婦女守節一事的態度裏偵出。

卓吾曾經讚美新寡的卓文君敢與司馬相如私奔：「歸鳳求凰，安可誣也」。他辯白道：卓文君並非「失身」，而是「獲身」；如果卓文君不能夠及時行行，就不免會「徒失佳偶，空負良緣」。⑰但卓吾卻並不反對婦女的守節。他曾在一則貞婦守節，以致禽鳥受感，也不事二「鳥」的故事旁批註道：「燕亦立節乎！義感禽鳥，然

---

⑬　李贄：《明燈道古錄》，卷下，七章，頁11a。

⑭　可見卓吾極為輕視他所謂的「有德者」。

⑮　李贄：《焚書》，卷一，〈答耿中丞〉，頁17。

⑯　李贄：《藏書》，上冊，〈世紀列傳總目前論〉，頁7。

⑰　李贄：《藏書》，下冊，卷三七，〈儒臣傳・詞學儒臣・司馬相如〉，頁624–626。

矣!」 ❶ 在此則讚美守節，在彼則稱道寡婦之勇於私奔。這並非卓吾前後不一。在卓吾看來，守節與否，都是個人的抉擇。只要當其事者，順著各自的「自然之性」而行，則即使各自所行之事恰恰相反，也都值得尊重。他曾就蔡文姬失節事而有此一說：「流離鄙賤、朝漢暮羌，……際此時，唯有一死快當。然而曰：『薄志節兮死難』，❶則亦真情矣」。他的結論是：「唯聖人乃能處死，而不以必死勸人」。❷對卓吾而言，寡婦之殉死，並非基於守節的考慮；卻只是衷心悲痛，「唯有一死快當」。但如果當事者畏死，而情願苟活，則亦無不可。卓吾大約不會完全反對程伊川 (1033–1107) 所說的「餓死事極小，失節事極大」；❹只要此說不至於變成「以必死勸人」的教條。死與不死，只有當事人自己有權決定。

在這樣一個人人自是其是、一意孤行的世界裏，有沒有任何共同的、普遍的規範，以維繫彼此的關係，進而維持整個社會的結合？卓吾曾經以他心目中的三代之治為例，以說明之。卓吾把人分成「聖人」(治者) 與「民」(被治者)。又分「民」的需要為「兵」與「食」兩個部份：「蓋有此生，則必有以養此生者，食也」；「有此身，則必有以衛此身者，兵也」。「聖人」為滿足「民」的基本需要，所以就隨順著「民」中人人自利的要求而推動之：為滿足「食」的需求而代「民」「為之井而八分之」；「使民咸知上之養我也」。這也就是

---

❶　李贄：《初潭集》，卷三，〈夫婦‧賢婦〉，頁42。

❶　按：這是蔡文姬〈悲憤詩〉中的句子。見蔡琰：〈悲憤詩〉，收入逯欽立輯校：《先秦漢魏晉南北朝詩》(臺北：木鐸出版社，1988)，上冊，漢詩卷七，頁200。

❷　李贄：《續焚書》，卷四，〈書胡笳十八拍後〉，頁95。

❹　程顥、程頤著：《二程集》(臺北：里仁書局，1982)，下冊，〈河南程氏遺書〉，卷22下，頁301。

井田制度。此後，「民」為了免於禽獸「傷吾之苗稼」，而自行舉行
「蒐狩之禮」，因而也習得了「兵」的技術。在這種「蒐苗獮狩」
的過程中，「民」學會了集體合作，經由集體合作，「民」又彼此學
會了相處之道；於是，「入相友而出相呼，疾病相視，患難相守，
不待上之教以人倫也」。所有的「庠序之設，孝弟之申」，都是不必
要的；在「民」日常的互助合作中，「禮樂以明，人倫以興」──「孝
弟忠信之行」，自然而然就在這彼此為自利而互相扶持的過程中養
成了。「聖人」只在起頭處為「民」分配了土地，以滿足「民」在
「食」方面自利的要求。此後無論是「兵」，無論是「禮樂」、抑或
「人倫」，全都在「民」自利的動機下而自動形成了。

　　「聖人」之所以能夠為而不為，是因為掌握了「民」自利的動
機。如果「聖人」一開始就要教導「民」以「兵」、「禮樂」與「人
倫」，「民」就不免抱怨當政者「殺我」、「擾我」。「聖人」最終的目
的雖是「兵」與「禮樂」、「人倫」，但只能從「民」的自利處入手，
而不可以說破。說破了，就不靈了。所以卓吾說：「民至愚也，而
可以利誘；至神也，而不可以忠告」。他同意「民可使由之，不可
使知之」的說法：「可使之由者同井之田，而不可使之知者則六藝之
精，孝弟忠信之行也」。㉒

　　在這裏，最令人印象深刻的，就是：欲望，對於卓吾而言，正
如對於 Thomas Hobbes 一般，是我們在進行道德上的論證時，無從
逃避、應當認真面對的既定的事物；它必然存在，所以不在理性可
以裁判以定其去留的範圍之內。㉓在卓吾看來，欲望不可能除去，

㉒　李贄：《焚書》，卷三，〈兵食論〉，頁94–96。

㉓　Charles Taylor, *Hegel and Modern Society* (Cambridge : Cambridge
　　University Press , 1996) , p.74.

也不應該除去；恰恰相反，欲望是一個可以被進一步利用以造福人群的物件。而卓吾心目中的「聖人」，也再不是一個儒家式的教人以「條教禁約」的說教者了；「聖人」變成了一個制度的設計者──「聖人」根據人人具有的自利的動機，而設計出一套利人即所以自利的制度來。也就是卓吾所說的：「至人之治，因乎人者也」。「因乎人者恆順於民」；「因其政不易其俗，順其性不拂其能」❷❹

　　此處如果完全不去理會「聖人」的存在，則卓吾心目中的這一套社會組織原理，大抵接近於丸山真男所謂的近代市民社會的原理。構成社會的動力（「民」的互助合作、互相交往，整合而成這個社會）、形成社會道德規範（禮樂、人倫）的動力，完全來自於人人自利的動機。人間的倫常，不再是先於人的規範（「不待上之教以人倫」），不再是直接來自於「超越」的天道；而是天道透過人人的「自然之性」，透過人人的自私，間接塑造出來的，是後於人而發生的。事實上，「聖人」在卓吾的思想中，除了在社會的肇端處，具備推動的作用外，實在已經退居到做壁上觀、毫無作為的角色了：「聖人無容心於萬民，萬民亦自無所藉於聖人。各守吾之中以待其自定而已矣」。❷❺「聖人」，套句英文中的俗諺：被卓吾「一腳踢上樓」（to kick upstairs，喻架空）❷❻了。

　　儘管如此，我們仍然不能輕忽「聖人」在卓吾的體系中被保留

❷❹　李贄：《焚書》，卷三，〈論政篇〉，頁87。

❷❺　李贄：《老子解》，收入嚴靈峰編輯：「無求備齋老子集成」（臺北：藝文印書館），第90冊；所據版本為明萬曆四十三年(1615)亦政堂重刻廣秘笈本，卷上，頁6b。

❷❻　錢鍾書對這一個用語有些有趣的解釋；見錢鍾書：《管錐編》（臺北：海盜版，未列出版時地），第1冊，頁5。

下來的意義：「民」雖然可以經由自利而整合、發展出一整個社會，並塑造出一整套社會規範（「禮樂」與「人倫」），但卻不足以發展出充份的自我意識，來認識此一整合、發展出一整個社會，塑造出一整套社會規範的必要性——只有「聖人」能夠超越所有的「民」，體悟到此一必要性；從而經由不為而為的手段，做出推動的第一步，然後再任由「民」自然而然、不識不知（換言之，沒有足夠的、成熟的自我意識）地達成這一個目標。對於「民」而言，社會規範（「禮樂」、「人倫」）源自於彼此自利的需要；對於「聖人」而言，社會規範則是「民」所不能自覺到的社會目標。唯其「民」除了自利以外，沒有這樣的自覺；所以才會有「聖人」的位置，也才需要「聖人」。

但必須注意的是：當這種自我意識的能力完全屬於無為的「聖人」，當社會規範（「禮樂」與「人倫」）完全訴諸於「民」自利的動機——「民」在建立社會規範時，缺乏針對「自利」的充份的自我意識，又不能利用卓吾所反對的「條教禁約」**㉗** 來把這些社會規範加以貞定——時，這些規範也就容易因自利而遭到破壞，或根本建立不起來。

「民」在建構社會規範時，沒有針對「自利」的充份自我意識，其結果必定是強凌眾暴、弱肉強食。這樣的困境，卓吾也意識到了。但由於他對於個人的自由的極度尊重，使得他反而為這樣的情形辯護。他竟認為：「強凌眾暴，其材定矣」；「強者弱之歸，不歸必并之；眾者寡之附，不附即吞之。此天道也，雖聖人其能違天乎哉？」如果有人想要立法以禁制這種弱肉強食、強凌眾暴的惡行，「以強凌眾暴，為法所禁，而欲治之」；這就違反了「天道」，是「逆天道

㉗ 李贄：《明燈道古錄》，卷下，七章，頁11a。

之常，反因才之篤，所謂拂人之性，災必及其身者，尚可以治人耶?」❷Alexis de Tocqueville 說過：民主國家「愛平等甚於愛自由」。❷對卓吾而言，他顯然愛自由甚於愛平等。

泰州學派的何心隱，也有類似的說法。何氏主張：「天地一殺機而已」；他舉例說：「堯不能殺舜，舜不能殺禹，故以天下讓。湯武能殺桀紂，故得天下」。三代的禪讓與誅獨夫，在何氏看來，全成了卓吾所謂的「強凌眾暴」的表現了。❸何心隱的觀點，與卓吾的看法是相類的；在泰州學派裏，這似乎是一個共同的主張。

於是，在卓吾的理想世界裏，由於「自然人」尚未成熟到足以反省自己的自利動機的程度，因而缺乏了自動遵守社會中必要規範的動機。結果就是：人人在「各從所好，各騁所長」之後，走上了強凌眾暴之路。就此而言，卓吾心目中的世界，與其說是一個近代的社會，倒不如說是一座「萬人的競技場」；如同 Thomas Hobbes 所描寫的一般，這是一個不斷進行著「每一個人對每個人的戰爭」的戰場。❸

如何理解卓吾的這個理想世界，與卓吾之學的整體關係呢？我們或可這樣說，卓吾的「存在主體」，與「道德主體」的歧異處，在於：「道德主體」，著眼於把自己融入可以與自然秩序相比擬的五倫關係中。而卓吾的「存在主體」，則傾向於把此世（也就是所謂

---

❷　李贄：《明燈道古錄》，卷下，七章，頁14b-15a。

❷　Alexis de Tocqueville 著，李宜培、湯新楣合譯：《美國的民主》(*Democracy in America*)，下冊，頁89。

❸　何心隱的話，見王世貞：〈嘉隆江湖大俠〉（原見王世貞：《弇州史料後集》，卷三五），收入何心隱著，容肇祖整理：《何心隱集》，頁144。

❸　Thomas Hobbes 著，黎思復、黎廷弼譯：《利維坦》(*Leviathan*) （北京：商務印書館，1995），頁94。

「苦海」) 中的一切秩序，都看作是暫時性的、次義性的東西；在
這世界之中，唯一有意義的，就是可以幫助自己獲得救贖的「自然
之性」。於是，除了「自然之性」的實現以外，一切人世間的規範，
都不再具備終極的、永恆的性質。事實上，除了「自然之性」， 卓
吾把一切此世間的規範，都看作是「苦海」中物——所有被固定化、
實體化了的規範，都只不過是加深、加劇了「苦海」之為「苦海」
的性質罷了。

　　然而，「自然之性」，又是變動不居的東西。「自然之性」，儘管
人人共具，卻未必人人一致（「夫道者，路也，不止一途；性者，心
所生也，亦非止一種已也」）。所以，「自然之性」並不足以形成一
套人人共守的新的規範。

　　一方面反對任何「條教禁約」； 另一方面，又不足以形成任何
取代「條教禁約」的東西。卓吾的世界，因此只能是一個舊的規範
屢屢遭受「自然之性」衝擊、而新的規範又永遠不能夠形成的「萬
人的競技場」了。就此而言，卓吾的思想，只能破而不能立。卓吾
之學，雖然足以撼動以五倫為組織原則的舊社會，但卻無法建立起
一個新社會來。

第七章 結 論

第一節 本書的節要

　　本書的基本架構如下：

　　在儒家思想中，人被看作是五倫關係網絡中的一個關係項，「我」的責任，就是善盡相應於五倫的道德。套句牟宗三的話：對於儒家而言，「我」是「道德主體」。❶在儒家的符號系統中，「個體性」（無關於人的社會性——如身份、地位等——的，只對於個人有意義的需要），常常容易遭受忽視。

　　對佛、道二氏而言，「我」的存在處境，遠重於其所處身的五倫關係網絡；二氏的思考方式，是以「個人」——而非五倫，為起點的。這就促使「個體性」在佛、道系統中，相較於儒家思想，顯得更為重要。但佛、道的最終目的，是透過個人修道的過程，以與永恆的實體合而為一。所以在佛、道的符號系統中，「個體性」終會被解消掉。

　　在晚明王學的發展中，互續著王陽明對於「自然」、「情感」、「欲求」的重視（見本書第一章〈敘論〉），因此「個體性」逐漸有了生

────────────

❶　牟宗三：《中國哲學的特質》，頁4。

發之隙。又隨著三教合一運動的進行，佛、道二氏之思想逐漸成為鞏固「個體性」之資源。王龍溪已有以「良知」來了生死的說法。❷這不但可以證明王學的這一支已經向著佛學的方向發展，也顯示了個人的存在處境，繼承了王學中「個體性」的萌芽，而受到了重視。

卓吾正處於此一趨勢之中。翻看卓吾的年譜，就會發現卓吾的家庭裏曾經發生過接二連三的死亡事件。這些經驗，促使他走向佛、道二氏，「出家」（擺脫五倫）以求解脫。這就使得他傾向於把人看作是「存在主體」（著眼點在於個人的存在處境，而不在於個人的五倫關係），而非「道德主體」。再加上在王學之中已經出現過的「個體性」之萌芽，兩者湊合，就使得「存在主體」與原本已見端倪的「個體性」產生了互相貞定的作用。

此處最要緊的，是王學中對於「自然」、「情感」之強調，發展成卓吾的「自然之性」；於是而使得來自於佛、道二氏的「存在主體」不像以往一樣，會被消解融化掉。

卓吾想要「求道以了生死」，這在卓吾以前，意味著與絕對的、普遍的道合而為一，從而消失了自己的個別的「個體性」。但當卓吾的「道」下貫於人身，而成為「自然之性」時，「道」之體現於人，必是隨順「自然之性」而行。於是，卓吾以求解脫的激情，貫注而為「自然之性」的發揚：其求解脫的企望越盛，其「自然之性」愈見發揚，而其「個體性」也愈益確立。這種具有「自然之性」的個人，我們稱之為「自然人」。

卓吾的基本思路，充滿了中國的特色——它既「超越」，又「內在」。但當卓吾擷取了佛、道「存在主體」的觀點時，他勢必得用「苦海」與「彼岸」的形式來表現其「超越」、「內在」的性質。結

---

❷　許宗興：《王龍溪學述》，頁76-78。

果就是：在他的思想中發展出了儒家從未目睹過的緊張性。這表現在兩個方面：

一、存有論；

二、心性之學方面。

就前者而言，卓吾的解脫之「道」，既在此世，又不能止在此世；就後者而言，其解脫之道，既在「自然之性」，也不能完全放任「自然之性」的發展。

在本書中也發現了：向來遭人詆為「狂禪」、「狂誕悖戾」、「肆行不檢」、「倡狂放肆」的卓吾，卻主張「一毫放過，即罪同丘山；沉萬端起滅，便禍在旦夕」；「舉足下足，罔非恣尤；日增月增，無可比喻」；他的思想，固然有狂放的一面；但從另一個角度來看，其實也具備道德上相當嚴苛與拘束的一面。相關的說明，請見第二章與第五章。

由於把人看成「存在主體」，而非「道德主體」，五倫關係網絡所構成的世界必須重組。對於卓吾而言，在「我」這一個「存在主體」之前即已存在的社會秩序，並不是天經地義，也並不具備先天的、不得變動的優位性。相反的，「我」作為一個「存在主體」，優先於既定的社會秩序。一切社會秩序，都應該是後於「存在主體」的東西；可以由「存在主體」來重新安排。但因為卓吾的「自然人」尚未發展出成熟的自我意識，所以卓吾眼中的新社會缺乏足以取代五倫的社會規範。這也正是在卓吾身上的「近代思惟」尚未成熟的表徵。

由以上本書題旨的節要看來，卓吾的佛教色彩，絕不是如左翼史家所說的，可以棄若敝屣，是其學說之中的糟粕。相反的，這個部份，正是卓吾思想中不可或缺的、整合於全體中的一個關鍵。

第二節　卓吾思想的影響

　　一套思想，就其創造者而言，是一種有機的，不斷發展、整合
的符號系統。但在其人身後，這種整合的、有機的性質，就會消失。
這套思想系統中的各個成份會分散開來，由各個後繼者各取所需，
並依自己的方式因革損益，而形成了本身的體系。卓吾之學在他死
後，就以這樣的方式影響了以後的思想史的發展。以下不能做清冊
式的列舉，僅能分三方面來做概略的敘述。

　　在卓吾的思想中，承認了人人自利是「自然之性」以後，卻並
未發展出供整個社會遵循的規範；卓吾只保留了聖人，以其無為而
為的作用，來推動社會邁向自動形成規範的方向。這在卓吾以後，
由馮從吾、黃宗羲、顧炎武等人，以「公貨公色」的方式解決：無
數人的個人之私，合而成為「天下之私」，而「天下之私」就是「天
子之公」。❸

　　其次，卓吾的「自然之性」說，在公安三袁身上，形成了對於
自然世界的愛好。三袁多有賞心愛玩之作（如《瓶史》、《觴政》等
書），　以發抒對於山水、生活點滴方面的喜好。這與卓吾之學間具
有極深的關聯。另外，如馮夢龍、湯顯祖的小說、劇曲，也可以說
是從卓吾「自然之性」說的樹上，生長出來的果子。❹

---

❸　「公貨公色」之說，由馮從吾提出，見馮從吾：《少墟集》（文淵閣四
　　庫全書版）（臺北：商務印書館，1986），卷一，五四章，頁45b–46a。
　　詳細的分析，請見溝口雄三：《中國前近代思想の屈折と展開》，　頁
　　217–241；及溝口雄三：〈論明末清初時期在思想史上的歷史意義〉，見
　　《史學評論》，12期（臺北：華世出版社，1986），頁106。

　　第三，在晚明思潮中，對於人之易陷於罪的自省與自覺，有越來越嚴重的趨勢。劉宗周在《人譜》中介紹的省過方法，只是其中一例。這與卓吾思想中因佛教的影響而加深的苦業意識、與卓吾對於人性的更深刻的洞察，具有直接的關係。

---

❹　見袁乃玲：《袁中郎研究》（臺北：學海出版社，1981），頁113-121。
　周質平：《公安派的文學批評及其發展》，頁22。及 C. T. Hsia（夏志清），"Time and Human Condition in the Plays of Tang Hsien-tsu", in Wm. Theodore de Bary ed. *Self and Society in Ming Thought*, pp. 249-290。

李卓吾年譜

這裏將根據以往的研究成果，❶逐年排比李卓吾一生的事實，

---

❶ 除一般史料外，此處所參考的著作略如下：

吳虞：〈明李卓吾別傳〉，收入廈門大學歷史系編輯：《李贄研究參考資料》，第1輯，頁38–53。

黃雲眉：〈李卓吾事實辨正〉，收入《金陵學報》，第2卷，第1期，頁59–79。

烏以鋒：〈李卓吾著述考〉，收入《國立中山大學文史研究所輯刊》，第1卷，第2期，頁307–338。

鈴木虎雄：〈李卓吾年譜〉，收入廈門大學歷史系編輯：《李贄研究參考資料》，第1輯，頁87–175。

容肇祖：《李卓吾評傳》，頁1–68。

吳澤：《儒教叛徒李卓吾》，頁1–58。

朱謙之：《李贄——十六世紀中國反封建思想的先驅者》，頁1–15。

侯外廬：《中國思想通史》，第4卷，下冊，頁1031–1051。

中文出版社編輯部：〈李贄年譜〉，收入李贄：《李氏焚書·續焚書》（京都：中文出版社，1971），頁489–517。

陳錦釗：《李贄之文論》，頁1–43。

陳泗東：〈李贄的家世、故居、及其妻墓碑——介紹新發現的有關李贄的文物〉，收入金儒杰編：《李贄新評》，頁7–16。

張建業：《李贄評傳》。

崔文印：〈李贄著作編年與考辨〉，收入《中國哲學》，第12輯，頁418 – 447。

以作為正文中論證的基礎，並供翻檢之用。

李贄，初名載贄。號卓吾、篤吾、溫陵居士、百泉居士、宏甫居士、思齋居士、龍湖叟、禿翁。福建泉州晉江人。生於一五二七年，卒於一六〇二年。享年七十六歲。

一五二七年（明世宗嘉靖六年）

一歲。十月生，是家中的長子。生母徐氏難產死。

一五三二年（嘉靖十一年）

六歲。繼母董氏卒。

一五三三年（嘉靖十二年）

七歲。隨父白齋先生讀書歌詩、習禮文。

一五四五年——一五四六年（嘉靖二十四年——二十五年）

以家貧，自二十歲始，「餬口四方，靡日不逐時事奔走」。❷

一五四七年（嘉靖二十六年）

二十一歲。娶妻黃宜人(1533–1588)。❸

黃仁宇：《萬曆十五年》（臺北：食貨出版社，1985），頁217–259。

孫叡徹：《李卓吾成學過程之研究》（臺灣大學中國文學研究所博士論文，1986）。

溝口雄三：《李卓吾——正道を步む異端》，頁146–196。

K. C. Hsiao（蕭公權），"Li Chih", in L. Carrington Goodrich and Chaoying Fang, ed. *Dictionary of Ming Biography, 1368–1644* (New York and London: Columbia University Press, 1976), Volume Ⅰ, pp. 807–818.

因每項事實於各文中重見疊出，以下行文，除非必要，將不一一註明出處。

❷ 李贄：《續焚書》，卷一，〈與焦弱侯〉，頁41。

❸ 陳泗東以為卓吾與黃宜人約在一五四八年成婚（見陳泗東：〈李贄的家世、故居、及其妻墓碑——介紹新發現的有關李贄的文物〉，頁

一五五二年（嘉靖三十一年）

　　二十六歲。中福建鄉試舉人。為能早日養家活口，中舉後便就祿，不復上公車。

一五五五年（嘉靖三十四年）

　　二十九歲。喪長子。

一五五六年（嘉靖三十五年）

　　三十歲。選授河南輝縣教諭。此後五年內任該職。因長子之亡而萌學道之念。以家在泉州，泉州為宋代溫陵禪師（按：宋代有僧戒環，住溫陵開元寺，世稱溫陵大師。生卒年不詳）❹福地，故自號溫陵居士。足見卓吾已經存有向釋氏求課的傾向。輝縣蘇門山百泉之上有安樂窩，為邵雍（1011–1077）參學處，卓吾因慕邵雍求道故事，又自號百泉居士。然而，「在泉五載，落落竟不聞道」。❺

一五六〇年（嘉靖三十九年）

　　三十四歲。輝縣教諭任滿，陞南京國子監博士。任職數月，丁父憂，東歸泉州守制。是歲因倭寇之亂而致兵連禍結，卓吾間關而行、曉伏夜出，耗六月方才抵家。抵家後為禦倭而不及治喪，日夜率弟、姪為城守備。當時城內米價騰貴，卓吾一家幾乎無以自活。

一五六二年（嘉靖四十一年）

　　三十六歲。三年服喪期滿，為避泉州倭亂，攜全家入北京，並候官缺。居十月而不得缺，行囊將盡，乃開館授徒。

　　15）；張建業則根據耿定力的〈誥封宜人黃氏墓表〉，斷在一五四七年（張建業：《李贄評傳》，頁29）。兩說相較，應以張說為是。

❹　據比丘明復編：《中國佛學人名辭典》（臺北：方舟出版社，1974），「戒環」條，頁147。

❺　李贄：《焚書》，卷三，〈卓吾論略〉，頁84。

一五六四年（嘉靖四十三年）

三十八歲。開館歷十月餘，乃得缺，復任北京國子監博士。未幾，禍不單行，先是祖父竹軒先生訃聞至；同日，次男亦死。至此，卓吾家中，從曾祖父母以下，以至祖父、父親，有三世停柩未葬。卓吾將所獲賻儀分為二份，一以購地於河南輝縣，藉以安置家室；一以攜歸，俾能令三世歸土求葬。卓吾返閩後，輝縣歲大荒，次女、三女餓死。

一五六六年（嘉靖四十五年）

四十歲。於家鄉營葬畢，了卻了「三世業緣」❻後，名心不競，已無宦意。歸輝縣，始知兩女俱不育。復至北京，補禮部司務，居此官五載。俟後波折漸少，生涯日穩。稍有餘暇、餘力訪學問「道」，重作「溫陵（按：指戒環）、百泉（按：指邵雍）之想」。❼因李逢陽（號維明，又號翰峰。生卒年不詳）、徐用檢（號魯源）的引介，始獲讀王陽明、王龍溪書。徐用檢並手書《金剛經》一帙，引卓吾得入佛智，求「不死學問」。❽赴趙貞吉（號大洲）講會。滯北京五歲，「五載春官，潛心道妙」。❾因思父白齋先生，自號思齋居士。又自儆秉性太窄，當學道以自宏闊，遂自命宏甫居士。

一五六八年（明穆宗隆慶二年）

四十二歲。在北京結識焦竑（字弱侯，號澹園）。

---

❻ 李贄：《焚書》，卷三，〈卓吾論略〉，頁86。

❼ 李贄：《焚書》，卷三，〈卓吾論略〉，頁86。

❽ 見李贄：〈陽明先生年譜後語〉，轉引自容肇祖：《明代思想史》，頁235；及黃宗羲：《明儒學案》，上冊，卷十四，〈浙中王門學案〉；第3分冊，頁36。

❾ 李贄：《焚書》，卷三，〈卓吾論略〉，頁86。

一五七〇年（隆慶四年）

四十四歲。徙官南京刑部員外郎。嗣後直至一五七七年，都居此位。其間與焦竑往來酬答極為頻繁。又曾兩度獲見王龍溪，一度獲見羅汝芳（號近溪、盱江）。「自後無歲不讀二先生之書，無口不談二先生之腹」。❿在這一段時期中，卓吾「自托無為人也，唯知有性命之學而已」。⓫似乎已經開始接近道家了。

一五七二年（隆慶六年）

四十六歲。結識耿定理（字子庸，號楚倥。1534–1577）。又因定理而識其兄耿定向（字在倫，號天臺，又號楚侗）。

一五七四年（明神宗萬曆二年）

四十八歲。赴王襞（號東崖。王艮之子。1511–1587）講會，拜王為師。

一五七五年（萬曆三年）

四十九歲。著《老子解》。⓬

一五七六年（萬曆四年）

五十歲。五十以後，以衰病相侵，冀望於佛典中求得解脫之道。自謂：「五十以後，大衰欲死；因得友朋勸誨，翻閱貝經。幸於生死之原，窺見斑點」。⓭

一五七七年（萬曆五年）

五十一歲。出任雲南姚安府太守。直至一五八〇年止，皆任此

---

❿　李贄：《焚書》，卷三，〈羅近溪先生告文〉，頁123。

⓫　李贄：《藏書》，上冊，祝世祿：〈序〉，頁4。

⓬　有關卓吾著作的考訂、編年，大體根據崔文印的〈李贄著作編年與考辨〉。此處請參看崔文，頁419。

⓭　李贄：《續焚書》，卷二，〈聖教小引〉，頁66。

職。往姚安府道中，途次湖廣黃安府，會耿定理，約定三年以後太守任滿歸來，「同登斯岸」。❶❹在姚安守任內，以黃老之術為治；持簡易，任自然。期間著《心經提綱》，稍後（不遲於一五八一年）並著《莊子解》。❶❺可見卓吾在這一段時期裏用心在釋、道兩家。是年再獲羅汝芳接引。❶❻

一五八〇年（萬曆八年）

五十四歲。太守任期屆滿，雖得上司挽留，而堅持辭官致仕。入雲南大理的雞足山閱《藏經》。

一五八一年（萬曆九年）

五十五歲。至湖廣黃安府依耿家，以踐前約。嗣後直到一五八五年，偕家眷居耿家。耿定向為營居處於黃安城外的耿家別業天窩山房。❶❼

一五八二年（萬曆十年）

五十六歲。自是歲起埋首書冊，勤於著述，至死方休。

一五八四年（萬曆十二年）

五十八歲。耿定理逝世。李贄與耿定向漸不相容，而起了離開耿家的念頭。

一五八五年（萬曆十三年）

五十九歲。與耿定向交惡，離耿家。遣家屬歸閩；只留其弟及

---

❶❹ 李贄：《焚書》，卷四，〈耿楚倥先生傳〉，頁142。

❶❺ 崔文印：〈李贄著作編年與考辨〉，頁419–420。《老子解》、《心經提綱》、《莊子解》三部，又合稱《三經解》。見李贄：《焚書》，卷一，〈答焦漪園〉，頁9。

❶❻ 李贄：《焚書》，卷三，〈羅近溪先生告文〉，頁123。

❶❼ 李贄：《續焚書》，卷一，〈復焦漪園〉，頁46。

僅餘的一子貴兒以自隨。得耿定向弟子兼姻戚周思敬（號友山。生卒年不詳）之助，托身於麻城下的維摩庵。是年，子貴兒溺死於麻城三十餘里的芝佛院側之龍湖。至此，卓吾所生四男三女，唯留一女而已。**⑱**

---

⑱ 卓吾自謂：「我初至麻城，曾承庵創買縣城下今添蓋樓房所謂維摩庵者，皆是周友山物」（《焚書》，卷四，〈豫約〉，頁182）。是卓吾一至麻城，先居維摩庵。貴兒亡故，卓吾有悼詩。中有：「水深能殺人，胡為浴於此?」「痛恨此潭水!」「骨肉歸故里，僮僕皆我棄。汝我如形影，今朝唯我矣」的句子（《焚書》，卷六，〈哭貴兒〉，頁231-232）。足證卓吾於遣家屬歸閩後，留貴兒與自己形影相隨；貴兒不久即溺死於距麻城二十里的芝佛院側的龍湖。卓吾自言：「獨余連生四男三女，唯留一女在耳。而年逼耳順，體素羸弱……」（《焚書》，卷一，〈復鄧石陽〉，頁10）。既是「年逼耳順」，則一五八五年，卓吾當五十九歲時，貴兒必已離世。以上各節的繫年，應無可疑。然尚餘一事，或者仍存異議。即：貴兒既溺於龍湖，而彼生前與卓吾父子形影不離，何以不將卓吾移居芝佛院的時間繫於本年? 卓吾有〈初居湖上〉詩，或有助於此一問題的釐清：「雖無妻與子，尚有未死身」（《續焚書》，卷五，〈初居湖上〉，頁108）。此詩之作，當在卓吾妻、子俱亡，又初往龍湖時。卓吾妻黃宜人之逝，在一五八八年（見陳泗東：〈李贄的家世、故居、及其妻墓碑——介紹新發現的有關李贄的文物〉。 收入金儒杰編：《李贄新評》，頁15）。故卓吾遷到龍湖的芝佛院，亦必在是年（一五八八年）。 因此，如鈴木虎雄謂卓吾遲至一五八八年，才從黃安耿府遷到維摩庵，同年又遷往龍湖，並遣家屬返鄉（鈴木虎雄：〈李卓吾年譜〉，頁114）；容肇祖將卓吾往龍湖日，定於一五八四至一五八五年（容肇祖：《李卓吾評傳》，頁13-17）；侯外廬、陳錦釗、蕭公權以一五八五年為卓吾移至龍湖之年（侯外廬：《中國思想通史》，第4卷，下冊，頁1036；陳錦釗：《李贄之文論》，頁10；K. C. Hsiao（蕭公權），"Li Chih", in L. Carrington Goodrich and Chaoying Fang ed. *Dictionary of Ming Biography, 1368–1644*, Volume Ⅰ, p. 808）；這

一五八六年（萬曆十四年）

六十歲。年初，罹脾病，一直到一五八七年才病愈。與耿定向的齟齬越演越烈，有〈答耿司寇〉長信，幾至不留餘地。 ⑲

一五八八年（萬曆十六年）

六十二歲。往麻城龍湖的芝佛院，此後除偶造他地，一直到一六〇〇年，卓吾大抵定居於此處。妻黃宜人逝於泉州府。卓吾落髮，「以示不歸」。 ⑳纂《初潭集》。這一年大約已經著手《說書》、《焚書》、《藏書》的編寫工作。〈觀音問〉大約亦成於從今年到一五九〇年間的三年間。 ㉑

些繫年，應當都是錯的。張建業書中，關於卓吾遣家人返閩一事，或作一五八五年，或作一五八七年（張建業：《李贄評傳》，頁78–79、頁99）。 一書而存兩說；兩說中，應以前說為是。又，溝口雄三所著《李卓吾──正道を步む異端》一書中，以貴兒為卓吾之長子，死於一五五五年卓吾二十九歲時（溝口雄三：《李卓吾──正道を步む異端》，頁153）。按：卓吾於一五四七年二十一歲時成婚；是長子亡故時，至多不過八歲。而貴兒死後，卓吾所作〈哭貴兒〉詩，中有「汝婦當更嫁，汝子是吾孫」之句（見李贄：《續焚書》，卷五，頁108）。貴兒既有妻、子，應不止八歲。則貴兒非卓吾長子，明矣。上文謂卓吾共生四男。長男死於一五五五年，次男死於一五六四年；則一五八五年中，卓吾「骨肉歸故里，僮僕皆我棄」之後，與卓吾父子相隨「如形影」，旋又溺死的貴兒，當為卓吾的三子或者四子。溝口氏此說，應為一明顯的小誤。

⑲ 李贄：《焚書》，卷一，〈答耿司寇〉，頁29–39。

⑳ 李贄：《焚書》，卷二，〈與曾繼泉〉，頁53。

㉑ 俱見於張建業：《李贄評傳》，頁92；及崔文印：〈李贄著作編年與考辨〉，頁420–422。

一五九〇年（萬曆十八年）

六十四歲。春日遊武昌，得晤公安三袁（袁宗道，字伯修，號石湖；1560-1600。袁宏道，字中郎，號石公；1568-1610。袁中道，字小修；1570-1623）。《說書》刻於今年或稍前。《焚書》亦刻於此時。㉒《焚書》中收有與耿定向往來論辯駁難的書信，付梓後，與耿氏更是形同水火。是歲於芝佛院後營造藏骨之室，可見卓吾已無歸鄉之意。㉓

一五九一年（萬曆十九年）

六十五歲。耿定向門人蔡毅中（字弘甫。生卒年不詳）著《焚書辯》，為耿氏張目。本年卓吾首一次遭到「左道惑眾」之逐。他赴武昌，托庇於劉東星（字子明，號晉川。1538-1601）。㉔

一五九五年（萬曆二十三年）

六十九歲。得周思敬從中斡旋，卓吾與耿定向和解。是年著《征途與共》。

一五九六年（萬曆二十四年）

七十歲。自以垂暮之年，旦夕且死，先寫定《豫約》，交待後事。先是耿定向與卓吾定約，邀他至黃安府共住。又有劉東星招請卓吾往山西上黨沁水的坪上村商量學問。適有史姓的巡道至麻城，謂卓吾「大壞風教」，「當以法治之」。卓吾為不違治命，故暫不赴劉東星之邀。又，當時流言以為史巡道係受耿府之託而為此。卓吾

㉒　同上註。

㉓　李贄：《焚書》，卷二，〈又與周友山書〉，頁55-56；另見鈴木虎雄：〈李卓吾年譜〉，頁118。

㉔　見鈴木虎雄：〈李卓吾年譜〉，頁122；另見李贄：《續焚書》，卷一，〈與劉晉川〉，頁30。

為免招眾人疑，以為他自己往黃安府耿家是為了求解免的；所以也不赴耿定向之約。耿定向於是歲卒。秋季，卓吾往山西。本年著《讀升菴集》。❷⑤

一五九七年（萬曆二十五年）

七十一歲。年初與劉東星父子夜夜相對，探討《大學》、《中庸》大義，著成《明燈道古錄》。旋應梅國楨(字客生，號衡湘。1542–1605)之請，至山西大同；在大同修訂《藏書》，並作成《孫子參同》。復又往北京，寓西山極樂寺，著《淨土訣》。❷⑥

一五九八年（萬曆二十六年）

七十二歲。偕焦竑至南京，住永慶寺。與焦竑、方時化(字伯雨，號少初。生卒年不詳)讀《易》。本年《選錄睽車志》、《老人行》、《坡公年譜》、《龍溪先生文錄抄》諸作。❷⑦在南京曾經三晤利瑪竇（號西泰，原名為 Fr. Matteo Ricci）。

一五九九年（萬曆二十七年）

七十三歲。《藏書》在南京付梓。

一六〇〇年（萬曆二十八年）

七十四歲。先應劉東星之邀，由南京往山東濟寧。年底返麻城芝佛院，本欲歸骨於此，而麻城人謂卓吾異端惑世，楚之僉事馮應京(1555–1606)遂焚毀芝佛院與卓吾預備藏骨之塔，並驅逐卓吾。❷⑧

---

❷⑤ 見崔文印：〈李贄著作編年與考辨〉，頁423。卓吾當日不赴山西、也不往黃安的原因，參看李贄：《續焚書》，卷一，〈答來書〉，頁17；〈與城老〉，頁18–19；〈與耿克念〉，頁19–20；〈答梅瓊宇〉，頁22–23；〈與耿克念〉，頁24。

❷⑥ 崔文印：〈李贄著作編年與考辨〉，頁423–424。

❷⑦ 崔文印：〈李贄著作編年與考辨〉，頁424–426。卓吾讀《易》事，見陳錦剑：《李贄之文論》，頁15。

冬季，卓吾避往河南商城的黃蘗山，大困。本年《焚書》經增補後
再版。又刻《坡仙集》、《易因》、《王陽明先生道學鈔・年譜》。 ㉙

一六〇一年（萬曆二十九年）

　　七十五歲。馬經綸（字主一、誠所。生卒年不詳）迎卓吾往河
北通州。本年著《史閣》、《釋子須知》、《言善篇》；又修訂《易因》，
成《九正易因》。 ㉚

一六〇二年（萬曆三十年）

　　七十六歲。二月五日，自恐死期將至，草〈遺言〉。 禮科給事

㉘　參看乾隆年間的《泉州府志》，卷五四，〈文苑傳〉；轉引自廈門大學
　　歷史系編輯・《李贄研究參考資料》，第1輯，頁34-35。另見鈴木虎
　　雄：〈李卓吾年譜〉，收入廈門人學歷史系編輯：《李贄研究參考資料》，
　　第1輯，頁147。馬經綸曾經記下事情的始末，見馬經綸：〈與當道書〉，
　　收入潘曾紘編：《李溫陵外紀》，卷四，頁18a-21a。

㉙　崔文印：〈李贄著作編年與考辨〉，頁427-429。

㉚　崔文印：〈李贄著作編年與考辨〉，頁429-430。
　　當劉東星將卓吾的《史閣》付梓時，曾經作了一篇〈史閣款語〉，收入
　　李贄：《續焚書》，卷二，頁54-55。這一篇文字，亦放置於卓吾《續
　　藏書》卷十的卷首（見李贄：《續焚書》，卷十，頁161）。卓吾自己也
　　有一篇〈史閣敘述〉，並見於李贄：《續焚書》，卷二，頁52-54；及李
　　贄：《續藏書》，卷十，頁159-160。據此而推斷，《史閣》一書，或即
　　是《續藏書》的前身或雛形。
　　《釋子須知》，其序文見於李贄：《續焚書》，卷二，頁56-57。
　　《言善篇》由劉東星作序，序文見於李贄：《續焚書》，卷二，頁65。
　　劉序說「言善者何？卓吾老子取其將死而言善也」。 可見卓吾已經自
　　覺死期將近了。
　　《九正易因》是在《易因》的基礎上改正而成的。見袁中道：〈李溫
　　陵傳〉，收入袁中道：《珂雪齋集》（上海：上海古籍出版社，1989），
　　中冊，卷十七，頁721。

中張問達(?–1625)疏劾卓吾。**❸❶** 三月初，卓吾被逮下獄。三月十五
日，引刀自決，拖到十六日晚上辭世。**❸❷**

---

❸❶ 張問達的疏文，見顧炎武：《日知錄》，卷二十，〈李贄〉，頁540–541。
又：當時傳說張問達的這一篇疏文，是由耿定向的弟子蔡毅中捉刀的。
見黃景昉：《國史唯疑》（臺北：正中書局，1982），卷十，頁655。

❸❷ 見容肇祖：《李卓吾評傳》，頁56。

徵引書目

李卓吾的著作

李贄:《老子解》(臺北:藝文印書館。收入嚴靈峰編輯:「無求備
　　齋老子集成」,第90冊;景印明萬曆四十三年[1615]亦政堂重刻
　　廣秘笈本)。

李贄:《李氏焚書·續焚書》(京都:中文出版社,1971)。

李贄:《明燈道古錄》(臺北:廣文書局,1983)。

李贄:《初潭集》(臺北:漢京文化出版公司,1982)。

李贄:《莊子解》(臺北:藝文印書館。收入嚴靈峰編輯:「無求備
　　齋莊子集成續編」,第18冊;景印明萬曆四十三年[1615]刻本)。

李贄:《焚書·續焚書》(臺北:漢京文化出版公司,1984)。

李贄:《墨子批選》(臺北:中國子學名著集成編印基金會。收入「中
　　國子學名著集成」,第80冊)。

李贄:《藏書》,共2冊(臺北:學生書局,1974)。

李贄:《續藏書》(臺北:學生書局,1974)。

其他史料

王日休:《龍舒淨土文》(臺北:三寶弟子,1988)。

王先謙集解:《莊子集解》(高雄:立文出版社,1974)。

王艮:《王心齋全集》(臺北:廣文書局,1987)。

王弼、韓康伯注:《周易王韓注》(臺南:利大出版社,1974)。

王陽明著,陳榮捷輯註:《王陽明傳習錄詳註集評》(臺北:學生書局,1983)。

王雲五主編:《證人社約及其他五種》(上海:商務印書館,1936。收入「叢書集成初編」)。

朱熹:《朱子語類》,共2冊(臺北:漢京文化公司,1980)。

朱熹集注:《四書集注》(臺北:中華書局,1983)。

朱熹集注:《詩經集註》(臺南:北一出版社,1973)。

何心隱著,容肇祖整理:《何心隱集》(北京:中華書局,1981)。

利瑪竇(Fr. Matteo Ricci):《友論》(臺北:藝文印書館。收入「寶顏堂秘笈」,在嚴一萍選輯的「百部叢書集成」內)。

吳應箕等著:《東林始末》(臺北:廣文書局,1977)。

芹庭居士編:《基本佛經集註》(臺北:新文豐出版公司,1978)。

耿定向:《耿天臺先生文集》,共4冊(臺北:文海出版社,1970。據明萬曆二十六年刊本)。

袁中道:《珂雪齋集》,共3冊(上海:上海古籍出版社,1989)。

張載:《張載集》(臺北:里仁書局,1981)。

莫雁詩、黃明編撰:《中國狀元譜》(廣州:廣州出版社,1993)。

陳文新譯注:《日記四種》(武漢:湖北辭書出版社,1997)。

陳確:《陳確集》,共2冊(臺北:漢京文化公司,1984)。

普濟著，蘇淵雷點校：《五燈會元》，共3冊（北京：中華書局，1997）。

焦竑：《澹園集》，共3冊（收入「金陵叢書」乙集）。

程顥、程頤著：《二程集》，共2冊（臺北：里仁書局，1982）。

雲棲袾宏：《蓮池大師全集》，共4冊（臺北：中華佛教文化館，1983）。

馮從吾：《少墟集》（臺北：商務印書館，1986。「文淵閣四庫全書版」）。

黃宗羲：《明儒學案》，共2冊（臺北：河洛出版社，1974）。

黃景昉：《國史唯疑》（臺北：正中書局，1982）。

逯欽立輯校：《先秦漢魏晉南北朝詩》，共3冊（臺北：木鐸出版社，1988）。

廈門大學歷史系編：《李贄研究參考資料》，共2輯（福建：福建人民出版社，1976）。

楊伯峻譯注：《孟子譯注》（臺北：河洛出版社，1980）。

楊伯峻譯注：《論語譯注》（臺北：明倫出版社，1971）。

道原：《景德傳燈錄》（臺北：彙文堂出版社，1987）。

劉宗周：《人譜類記》（臺北：廣文書局，1971）。

潘增紘編：《李溫陵外紀》（臺北：偉文圖書出版社，1977）。

鄭玄注：《孝經鄭注疏》（臺北：中華書局，1984）。

鄭玄注：《禮記鄭注》（臺南：第一書店，1974）。

顧炎武：《日知錄》（臺北：唯一書業中心，1975）。

專　著

中日文

Cronin, Vincent 著，思果譯：《西泰子來華記》(*The Wise Man from the West*)（臺中：光啟出版社，1964）。

Edwards, Jonanthan 著，神學翻譯團契譯：《宗教情操真偽辨》(*The Experience That Counts*)（臺北：基督教改革宗翻譯社，1994）。

Hobbes, Thomas 著，黎思復、黎廷弼譯：《利維坦》(*Leviathan*)（北京：商務印書館，1995）。

Richardson, Alan ed. 湯張瓊英、朱信合譯：《聖經神學辭彙》(*Theological Word Book of the Bible*)（香港：基督教文藝出版社，1989）。

Schluchter, Wolfgang 著，顧忠華譯：《理性化與官僚化》（臺北：聯經出版公司，1986）。

Tillich, Paul 原著，龔書森、尤隆文合譯：《系統神學》(*Systematic Theology*)，第1卷（臺南：東南亞神學院，1980）。

Tocqueville, Alexis de 著，李宜培、湯新楣合譯：《美國的民主》(*Democracy in America*)，共2冊（香港：今日世界社，1968）。

Troeltsch, Ernst 著，戴盛虞、趙振嵩合譯：《基督教社會思想史》(*The Social Teaching of the Christian Churches*)（香港：基督教文藝出版社，1988），頁447。

Weber, Max 著，簡惠美譯：《中國的宗教》(*The Religion of China*) （臺北：遠景出版公司，1989）。

丁福保、何子培主編：《實用佛學辭典》，共2冊（臺北：新文豐出版公司，1977）。

丸山真男著，徐白、包滄瀾譯：《日本政治思想史研究》（臺北：商務印書館，1980）。

比丘明復編：《中國佛學人名辭典》（臺北：方舟出版社，1974）。

王煜：《明清思想家論集》（臺北：聯經出版公司，1981）。

石田慶和著，陳季菁譯：《宗教・科學・無神論》（臺北：法爾出版社，1991）。

朱謙之：《李贄——十六世紀中國反封建思想的先驅者》（武漢：湖北人民出版社，1957）。

牟宗三：《中國哲學的特質》（臺北：學生書局，1978）。

余英時：《中國近世宗教倫理與商人精神》（臺北：聯經出版公司，1987）。

余英時：《中國思想傳統的現代詮釋》（臺北：聯經出版公司，1987）。

吳澤：《儒教叛徒李卓吾》（臺北：海盜版，未列出版時地）。

李永熾：《歷史的跫音》（臺北：遠景出版社，1984）。

李澤厚：《論語今讀》（合肥：安徽文藝出版社，1998）。

李澤厚：《中國古代思想史論》（北京：人民出版社，1986）。

杜維明：《儒學第三期發展的前景問題》（臺北：聯經出版公司，1989）。

汪學文：《毛共反儒尊法運動析論》（臺北：國際關係研究所，1975）。

周質平:《公安派的文學批評及其發展》(臺北: 商務印書館,
　　1986)。

岡田武彥等著, 辛冠潔編, 滕穎、徐遠和等合譯: 《日本學者論中
　　國哲學史》(臺北: 駱駝出版社, 1987)。

東海大學哲學系編譯:《中國人的心靈 —— 中國哲學與文化要義》(臺
　　北: 聯經出版公司, 1984)。

林其賢:《李卓吾事跡繫年》(臺北: 文津出版社, 1988)。

林其賢:《李卓吾的佛學與世學》(臺北: 文津出版社, 1992)。

林毓生:《政治秩序與多元社會》(臺北: 聯經出版公司, 1989)。

牧田諦亮著, 索文林譯:《中國近世佛教史研究》(臺北: 華世出版
　　社, 1985)。

金儒杰編:《李贄新評》(香港: 神州圖書公司, 1975)。

侯外廬:《侯外廬史學論文選集》, 共2冊(北京:人民出版社, 1988)。

侯外廬主編:《中國思想通史》, 第5卷(北京:人民出版社, 1980)。

韋政通主編:《中國哲學辭典大全》(臺北: 水牛出版公司,
　　1983)。

孫叡徹:《李卓吾成學過程之研究》(臺灣大學中國文學研究所博士
　　論文, 1986)。

容肇祖:《李卓吾評傳》(臺北: 商務印書館, 1973)。

容肇祖:《明代思想史》(臺北: 開明書店, 1978)。

島田虔次:《中國における近代思惟の挫折》(東京: 筑摩書房, 昭
　　和53年[1978])。

島田虔次著, 蔣國保譯:《朱子學與陽明學》(西安: 陝西師範大學
　　出版社, 1986)。

秦家懿:《王陽明》(臺北: 東大圖書公司, 1987)。

荒木見悟:《佛教と陽明學》(東京: 第三文明社, 1979)。

袁乃玲:《袁中郎研究》(臺北: 學海出版社, 1981)。

張建業:《李贄評傳》(福州: 福建人民出版社, 1992)。

淡江大學中文系主編:《晚明思潮與社會變動》(臺北: 弘化文化事
　　業公司, 1987)。

許宗興:《王龍溪學述》(臺北: 國立政治大學中國文學研究所碩士
　　論文, 1982年)。

郭紹虞:《照隅室古典文學論集》(臺北: 丹青圖書公司, 1985)。

陳清輝:《李卓吾生平及其思想研究》(臺北: 文津出版社,
　　1993)。

陳榮捷:《朱子新探索》(臺北: 學生書局, 1988)。

陳錦釗:《李贄的文論》(臺北: 嘉新文化基金會, 1974)。

傅佩榮:《儒家哲學新論》(臺北: 業強出版社, 1993)。

嵇文甫:《左派王學》(上海: 開明書店, 1934)。

費孝通:《鄉土中國》(北京: 三聯書店, 1986)。

項維新、劉福增主編:《中國哲學思想論集・宋明篇》(臺北: 牧童
　　出版社, 1977)。

黃仁宇:《萬曆十五年》(臺北: 食貨出版社, 1985)。

楊慧傑:《朱熹倫理學》(臺北: 牧童出版社, 1978)。

溝口雄三:《中國前近代思想の屈折と展開》(東京: 東京大學出版
　　會, 1980)。

溝口雄三:《李卓吾——正道を步む異端》(東京: 集英社, 昭和
　　60年[1985])。

道端良秀著, 釋慧嶽譯:《佛教與儒家倫理》(臺北: 中華佛教文獻
　　編撰社, 1979)。

鄭聖沖：《呂格爾的象徵哲學》（臺中：光啟出版社，1984）。

蕭公權：《中國政治思想史》（臺北：聯經出版公司，1984）。

錢穆：《朱子學提綱》（臺北：東大圖書公司，1986）。

錢穆：《靈魂與心》（臺北：聯經出版公司，1990）。

錢鍾書：《管錐編》，共4冊（臺北：海盜版，未列出版時地）。

羅章龍編：《非宗教論》（成都：巴蜀書社，1989）。

饒宗頤：《選堂集林》，共3冊（臺北：明文書局，1982）。

英　文

Aristotle (Mckeon, Richard. ed.) *The Basic Works of Aristotle*（臺北：馬陵出版社，1975年翻版）.

Ch'ien, Edward T.（錢新祖）*Chiao Hung and the Restructuring of Neo-Confucianism in the Late Ming* (New York: Columbia University Press, 1986).

Chan, Hok-lam（陳學霖）ed. *Li Chih: 1527–1602 in Contemporary Chinese Historiography* (New York: M. E. Sharpe Inc., 1980).

de Bary, Wm. Theodore ed. *Self and Society in Ming Thought* (New York and London: Columbia University Press, 1970).

de Bary, Wm. Theodore ed. *The Unfolding of Neo-Confucianism* (New York: Columbia University Press, 1975).

Derrida, Jacques (translated by Gayatri Chakravorty Spivak) *Of Grammatology* (Baltimore and London: The John Hopkins University Press, 1982).

Goodrich, L. Carrington and Chaoying Fang ed. *Dictionary of Ming Biography, 1368–1644* (New York and London: Columbia

University Press, 1976), 2 Volumes .

Metzger, Thomas A. *Escape from Predicament──Neo-Confucianism and China's Evolving Political Culture* (New York: Columbia University Press, 1977).

Mill, John Stuart *On Liberty* (New York: Penguin Books, 1987).

Taylor , Charles *Hegel and Modern Society* (Cambridge : Cambridge University , 1996).

Williams, Raymond *Keywords──A Vocabulary of Culture and Society* (New York: Oxford University Press, 1976).

論 文

中日文

Metzger, Thomas A. （墨子刻）：〈從約翰彌爾民主理論看臺灣政治言論〉，《當代》， 第24期（臺北： 合志文化事業公司， 1988年4月號）。

王汎森：〈明末清初的人譜與省過會〉，《中央研究院歷史語言研究所集刊》，第63本，第3分，1993年7月。

孫　歌：〈文學的位置──丸山真男的兩難之境〉，《學術思想評論》，第3輯（瀋陽： 遼寧大學出版社， 1998）。

烏以鋒：〈李卓吾著述考〉，《國立中山大學文史研究所輯刊》， 第1卷，第2期。

崔文印：〈李贄著作編年與考辨〉，《中國哲學》，第12輯（北京： 三聯書店，失出版年代）。

張光直：〈連續與破裂：一個文明起源新說的草稿〉，《九州學刊》，
　　第1卷，第1期（香港：中華文化促進中心，1986年9月）。

森紀子：〈中國における李卓吾像の變遷〉，《東洋史研究》， 34卷3
　　號（京都：京都大學東洋史研究會，昭和50年[1975]）。

馮君培：〈評福蘭閣教授的李贄研究〉，《圖書季刊》，2卷1期。

黃雲眉：〈李卓吾事實辨正〉，《金陵學報》，第2卷，第1期。

溝口雄三：〈論明末清初時期在思想史上的歷史意義〉，《史學評論》，
　　第12期（臺北：華世出版社，1986）。

葛榮晉：〈論李贄哲學思想的實質〉，《中國哲學》， 第4輯（北京：
　　三聯書店，失出版年代）。

錢新祖：〈中國的傳統思想與比較分析的「措詞」[rhetoric]〉，收入
　　《臺灣社會研究季刊》， 第1卷， 第1期（臺北：臺灣社會研究
　　季刊社， 1988年春季號）。

錢新祖：〈近代人談近代化的時空性〉， 收入《思與言》， 第21卷，
　　第1期（臺北：思與言雙誌社，1982年5月）。

錢新祖：〈儒家傳統裏的「正統」與多元以及個人與「名份」〉，收入
　　《臺灣社會研究季刊》， 第1卷，第4期（臺北：臺灣社會研究
　　季刊社， 1988年冬季號）。

英　文

Wu, Pei-Yi（吳百益）, "Self-examination and Confession of Sins in
　　Traditional China", *Harvard Journal of Asiatic Studies*, 39: 1
　　(1979), pp. 5–38.

索　引

二劃

三劃

七劃

八劃

十一劃

十四劃

十五劃

十九劃

二十劃

二十一劃

二十四劃

世界哲學家叢書（一）

書　　　　　　名	作　　　者	出　版　狀　況
孔　　　　　　子	韋　政　通	已　　出　　版
孟　　　　　　子	黃　俊　傑	已　　出　　版
荀　　　　　　子	趙　士　林	已　　出　　版
老　　　　　　子	劉　笑　敢	已　　出　　版
莊　　　　　　子	吳　光　明	已　　出　　版
墨　　　　　　子	王　讚　源	已　　出　　版
公　孫　龍　子	馮　耀　明	排　　印　　中
韓　　　　　　非	李　甦　平	已　　出　　版
淮　　南　　子	李　　增	已　　出　　版
董　　仲　　舒	韋　政　通	已　　出　　版
揚　　　　　　雄	陳　福　濱	已　　出　　版
王　　　　　　充	林　麗　雪	已　　出　　版
王　　　　　　弼	林　麗　真	已　　出　　版
郭　　　　　　象	湯　一　介	已　　出　　版
阮　　　　　　籍	辛　　旗	已　　出　　版
劉　　　　　　勰	劉　綱　紀	已　　出　　版
周　　敦　　頤	陳　郁　夫	已　　出　　版
張　　　　　　載	黃　秀　璣	已　　出　　版
李　　　　　　覯	謝　善　元	已　　出　　版
楊　　　　　　簡	鄭　曉　江 李　承　貴	已　　出　　版
王　　安　　石	王　明　蓀	已　　出　　版
程　顥　、　程　頤	李　日　章	已　　出　　版
胡　　　　　　宏	王　立　新	已　　出　　版
朱　　　　　　熹	陳　榮　捷	已　　出　　版
陸　　象　　山	曾　春　海	已　　出　　版

世界哲學家叢書 (二)

書　　　　名	作　　者	出　版　狀　況
王　　廷　　相	葛　榮　晉	已　　出　　版
王　　陽　　明	秦　家　懿	已　　出　　版
李　　卓　　吾	劉　季　倫	已　　出　　版
方　　以　　智	劉　君　燦	已　　出　　版
朱　　舜　　水	李　甦　平	已　　出　　版
戴　　　　震	張　立　文	已　　出　　版
竺　　道　　生	陳　沛　然	已　　出　　版
慧　　　　遠	區　結　成	已　　出　　版
僧　　　　肇	李　潤　生	已　　出　　版
吉　　　　藏	楊　惠　南	已　　出　　版
法　　　　藏	方　立　天	已　　出　　版
惠　　　　能	楊　惠　南	已　　出　　版
宗　　　　密	冉　雲　華	已　　出　　版
永　明　延　壽	冉　雲　華	已　　出　　版
湛　　　　然	賴　永　海	已　　出　　版
知　　　　禮	釋　慧　岳	已　　出　　版
嚴　　　　復	王　中　江	已　　出　　版
康　　有　　為	汪　榮　祖	已　　出　　版
章　　太　　炎	姜　義　華	已　　出　　版
熊　　十　　力	景　海　峰	已　　出　　版
梁　　漱　　溟	王　宗　昱	已　　出　　版
殷　　海　　光	章　　　清	已　　出　　版
金　　岳　　霖	胡　　　軍	已　　出　　版
張　　東　　蓀	張　耀　南	已　　出　　版
馮　　友　　蘭	殷　　　鼎	已　　出　　版

世界哲學家叢書（三）

書　　　　　名	作　　　者	出　版　狀　況
牟　　宗　　三	鄭　家　棟	排　　印　　中
湯　　用　　彤	孫　尚　揚	已　　出　　版
賀　　　　　麟	張　學　智	已　　出　　版
商　　羯　　羅	江　亦　麗	已　　出　　版
辨　　　　　喜	馬　小　鶴	已　　出　　版
泰　　戈　　爾	宮　　　靜	已　　出　　版
奧羅賓多・高士	朱　明　忠	已　　出　　版
甘　　　　　地	馬　小　鶴	已　　出　　版
尼　　赫　　魯	朱　明　忠	已　　出　　版
拉達克里希南	宮　　　靜	已　　出　　版
李　　栗　　谷	宋　錫　球	已　　出　　版
空　　　　　海	魏　常　海	排　　印　　中
道　　　　　元	傅　偉　勳	已　　出　　版
山　鹿　素　行	劉　梅　琴	已　　出　　版
山　崎　闇　齋	岡田武彥	已　　出　　版
三　宅　尚　齋	海老田輝巳	已　　出　　版
貝　原　益　軒	岡田武彥	已　　出　　版
荻　生　徂　徠	王　祥　齡　劉　梅　琴	排　　印　　中
石　田　梅　岩	李　甦　平	已　　出　　版
楠　本　端　山	岡田武彥	已　　出　　版
吉　田　松　陰	山口宗之	已　　出　　版
中　江　兆　民	畢　小　輝	已　　出　　版
蘇格拉底及其先期哲學家	范　明　生	排　　印　　中
柏　　拉　　圖	傅　佩　榮	已　　出　　版
亞里斯多德	曾　仰　如	已　　出　　版

世界哲學家叢書 （四）

書　　　　　名	作　　　者	出　版　狀　況
伊　壁　鳩　魯	楊　　　適	已　　出　　版
愛　比　克　泰　德	楊　　　適	排　　印　　中
柏　　　羅　　　丁	趙　敦　華	已　　出　　版
伊　本　‧　赫　勒　敦	馬　小　鶴	已　　出　　版
尼　古　拉　‧　庫　薩	李　秋　零	已　　出　　版
笛　　　卡　　　兒	孫　振　青	已　　出　　版
斯　賓　諾　莎	洪　漢　鼎	已　　出　　版
萊　布　尼　茨	陳　修　齋	已　　出　　版
牛　　　　　頓	吳　以　義	排　　印　　中
托　馬　斯　‧　霍　布　斯	余　麗　嫦	已　　出　　版
洛　　　　　克	謝　啓　武	已　　出　　版
休　　　　　謨	李　瑞　全	已　　出　　版
巴　　　克　　　萊	蔡　信　安	已　　出　　版
托　馬　斯　‧　銳　德	倪　培　民	已　　出　　版
梅　　　里　　　葉	李　鳳　鳴	已　　出　　版
狄　　　德　　　羅	李　鳳　鳴	排　　印　　中
伏　　　爾　　　泰	李　鳳　鳴	已　　出　　版
孟　德　斯　鳩	侯　鴻　勳	已　　出　　版
施　萊　爾　馬　赫	鄧　安　慶	已　　出　　版
費　　　希　　　特	洪　漢　鼎	已　　出　　版
謝　　　　　林	鄧　安　慶	已　　出　　版
叔　　　本　　　華	鄧　安　慶	已　　出　　版
祁　　　克　　　果	陳　俊　輝	已　　出　　版
彭　　　加　　　勒	李　醒　民	已　　出　　版
馬　　　　　赫	李　醒　民	已　　出　　版

世界哲學家叢書（五）

書　　　　　名	作　　者	出　版　狀　況
迪　　　　　昂	李　醒　民	已　　出　　版
恩　格　斯	李　步　樓	已　　出　　版
馬　克　思	洪　鑲　德	已　　出　　版
約　翰　彌　爾	張　明　貴	已　　出　　版
狄　爾　泰	張　旺　山	已　　出　　版
弗　洛　伊　德	陳　小　文	已　　出　　版
史　賓　格　勒	商　戈　令	已　　出　　版
韋　　　　　伯	韓　水　法	已　　出　　版
雅　斯　培	黃　　　藿	已　　出　　版
胡　塞　爾	蔡　美　麗	已　　出　　版
馬克斯·謝勒	江　日　新	已　　出　　版
海　德　格	項　退　結	已　　出　　版
高　達　美	嚴　　　平	已　　出　　版
盧　卡　奇	謝　勝　義	排　　印　　中
哈　伯　馬　斯	李　英　明	已　　出　　版
榮　　　　　格	劉　耀　中	已　　出　　版
皮　亞　傑	杜　麗　燕	已　　出　　版
索　洛　維　約　夫	徐　鳳　林	已　　出　　版
費　奧　多　洛　夫	徐　鳳　林	已　　出　　版
別　爾　嘉　耶　夫	雷　永　生	已　　出　　版
馬　賽　爾	陸　達　誠	已　　出　　版
阿　圖　色	徐　崇　溫	排　　印　　中
傅　　　　　科	于　奇　智	排　　印　　中
布　拉　德　雷	張　家　龍	已　　出　　版
懷　特　海	陳　奎　德	已　　出　　版

世界哲學家叢書（六）

書　　　　　名	作　　　者	出　版　狀　況
愛　因　斯　坦	李　醒　民	已　　出　　版
皮　　爾　　遜	李　醒　民	已　　出　　版
玻　　　　爾	戈　　革	已　　出　　版
弗　　雷　　格	王　　路	已　　出　　版
石　　里　　克	韓　林　合	已　　出　　版
維　根　斯　坦	范　光　棣	已　　出　　版
艾　　耶　　爾	張　家　龍	已　　出　　版
奧　　斯　　丁	劉　福　增	已　　出　　版
史　　陶　　生	謝　仲　明	已　　出　　版
馮　•　賴　特	陳　　波	已　　出　　版
赫　　　　爾	孫　偉　平	已　　出　　版
愛　　默　　生	陳　　波	已　　出　　版
魯　　一　　士	黃　秀　璣	已　　出　　版
普　　爾　　斯	朱　建　民	排　　印　　中
詹　　姆　　士	朱　建　民	已　　出　　版
蒯　　　　因	陳　　波	已　　出　　版
庫　　　　恩	吳　以　義	已　　出　　版
史　蒂　文　森	孫　偉　平	已　　出　　版
洛　　爾　　斯	石　元　康	已　　出　　版
海　　耶　　克	陳　奎　德	已　　出　　版
喬　姆　斯　基	韓　林　合	已　　出　　版
馬　克　弗　森	許　國　賢	已　　出　　版
尼　　布　　爾	卓　新　平	已　　出　　版